Gerit Kopietz
Jörg Sommer

Füße *vom* Tisch!

Stil in allen Lebenslagen

UEBERREUTER

ISBN 3-8000-1593-5

Umschlaggestaltung von Init, Büro für Gestaltung, unter Verwendung eines Fotos von Photonica

Printed in Austria
1 3 5 7 6 4 2

Ueberreuter im Internet: www.ueberreuter.at

Gute Idee ...

... einen Blick in dieses Buch zu werfen! Vielleicht hast du schon lange nach heißen Tipps gesucht, wie du peinliche Situationen vermeiden kannst? Du weißt schon: die berühmten Fettnäpfchen. Schon mal mit beiden Beinen dringestanden? Dann liegst du bei diesem Buch genau richtig, denn hier findest du die Tipps, die du brauchst, um in Zukunft unnötigen Stress mit dem Rest der Welt zu vermeiden.

Wo immer Menschen miteinander zu tun haben – in der Schule, zu Hause, bei der Arbeit, in der Freizeit und, und, und –, gelten bestimmte Regeln. Jedes Spiel (ob Schach, Fußball oder Monopoly) hat seine Regeln, an die sich alle Mitspieler halten müssen. Sonst funktioniert's nicht.

Ein Beispiel: Torsten würfelt beim »Mensch ärgere dich nicht« eine 3 – und geht aber 5 Felder weiter um dich rauszuschmeißen. Wäre doch letztklassig, oder? Würdest du dir das gefallen lassen? Na eben.

Und so kann auch das Leben als solches nur ohne größere Katastrophen funktionieren, wenn jeder sich an bestimmte Regeln hält.

Dazu gehört zuallererst der gegenseitige Respekt. Klar sind die Leute unterschiedlich: Da gibt's Dicke, Dünne, Große, Kleine, Reiche, Arme, Gesunde, Kranke, Menschen mit anderer Hautfarbe oder aus anderen Ländern … Aber jeder hat das Recht, mit Respekt behandelt zu werden.

Verletzen gilt nicht. Und das mit dem Verletzen meinen wir noch nicht mal gleich mit Gewalt – auch Worte können verletzen. Du selbst möchtest ja bestimmt auch nicht, dass sich jemand über dich lustig macht. Die nötigen Tipps und Tricks, mit anderen Menschen respektvoll umzugehen, verraten wir dir gerne.

Viel Spaß – und viel Erfolg im Umgang mit dem schwierigen Rest der Welt wünschen dir

Jörg Sommer und Gerit Kopietz

Inhalt

Schein oder Sein
Image, Outfit und Charakter

Was müffelt denn hier so?

Die Sache mit der Sauberkeit

Abendessen bei Familie Steiner. »Sag mal«, meint die Mutter zu Markus (14), »wann hast du eigentlich das letzte Mal gebadet?« – »Keine Ahnung.« – »Das muss schon eine ganze Weile her sein.« Markus zuckt mit den Schultern. »Vorgestern, glaube ich.« Seine Mutter bleibt stur. »Das kann nicht sein.« – »Wieso? Haben sie uns seit einer Woche das Wasser abgestellt?« – »Nein. Aber ich kann so was riechen.« Markus grinst. »Klar, Mütter haben Augen im Hinterkopf, können Gedanken lesen und …« – »Du hast mich nicht richtig verstanden«, unterbricht ihn seine Mutter. »Ich kann es wirklich riechen.« Markus' Hand mit dem Suppenlöffel erstarrt. »Und nicht nur ich«, ergänzt seine Mutter. »Heute Morgen hat der kleine Oliver aus dem 3. Stock mich gefragt, warum der Markus den so komisch stinkt.« Markus' Hand bewegt sich immer noch nicht. Nur sein Kopf nimmt langsam, aber unübersehbar eine tiefrote Farbe an …

Also, denkst du, Mike (oder Michaela oder sonst jemand) riecht ziemlich streng. Und die Haare: fettig und strähnig. Seine/ihre Fingernägel möchte ich mir lieber erst gar nicht anschauen, voll irgendwelchem Dreck. Buddeln wohl mit bloßen Händen in der Erde nach Regenwürmern, oder was? Und dann noch Nasebohren mit diesen versifften Fingern! Igitt!

Oder bist du vielleicht selbst so ein Mike oder eine Michaela? Dann könntest du ein Problem kriegen. Ehrlich. Lassen wir mal deine Eltern weg, die dich sowieso ständig wegen Händewaschen, Zähneputzen, Baden oder Duschen nerven.

Das Problem könnte viel heftiger ausfallen. Denn wer will schon mit einem schlecht riechenden Zeitgenossen Näheres zu tun haben? Heißt also: Neue Freundschaften können vielleicht deshalb erst gar nicht entstehen, weil man diesem Menschen lieber aus dem Weg geht.

Klar wissen wir, dass Wasserhähne, Badewannen und Duschen nur auf Grufties anziehend wirken.

Aber mal unter uns: Gerade jetzt in der Pubertät verändert sich dein Körper enorm: die verdammten Hormone, die dir manchmal so komische Stimmungen bescheren … Und das mit den Hormonen kann zum Beispiel zur Folge haben, dass du mehr schwitzt. Und Schweiß riecht nach einer Weile, wenn man ihn nicht abwäscht. Ist nun mal leider so. Außerdem werden die Haare schneller fettig. Und vielleicht hast du unreine Haut und kämpfst mit Pickeln. Erst recht ein Grund, mal zu Wasser und Seife zu greifen. Kannst dich ja im Badezimmer einschließen oder die lästige Prozedur hinter dich bringen, wenn deine Eltern und Geschwister nicht zu Hause sind …

Und im umgekehrten Fall? Da habt ihr also einen Müffler oder eine Müfflerin in der Klasse. Du denkst: Eigentlich wäre er/sie ganz nett, und vielleicht merkt er/sie es ja gar nicht selbst? Wie soll ich es ihm oder ihr sagen? Gute Frage. Es gibt da gaaaaanz unterschiedliche Möglichkeiten:

FLOP ▾

» Du nennst ihn/sie »Stinktier«.

» Du fragst: »Habt ihr eigentlich keine Seife zu Hause oder ist eure Wasserleitung kaputt?«

» Du gehst ihm oder ihr konsequent aus dem Weg und willst mit ihm/ihr nichts zu tun haben.

» Du tuschelst hinter seinem/ihrem Rücken mit anderen über ihn/sie und machst ihn/sie schlecht.

TOP ▴

» Wenn du ein Deo oder Haarwasser benutzt, verwende einfach mal mehr und halte dich in der Pause extra nahe bei ihm/ihr auf, sodass das nicht zu »überriechen« ist. Vielleicht überzeugst du – ohne Worte – durch dein Vorbild.

» Oder sprüh in einem unbeobachteten Moment von deinem Deo was auf eines seiner/ihrer Schulbücher.

» Oder – aber das musst du einschätzen, ob das nicht ein Schritt zu weit wäre und verletzen könnte: Schenk ihm/ihr zum Geburtstag (schön in Geschenkpapier eingewickelt) ein Stück Seife, ein Deo ... Dazu eine Geburtstagskarte mit dem Text: »Ich kann dich gut riechen.«

ERSTE-HILFE-TIPP
Nicht ohne meine Nase

Gerade in Bezug auf das andere Geschlecht solltest du das Thema Hygiene ernst nehmen, sonst kannst du deine Traumfreundin oder deinen Traumfreund vergessen. Denn das mit dem »gut riechen können« stimmt wirklich: Unsere Nase hat ein so feines Gespür, dass Körpergerüche (angenehme oder nicht so angenehme) über Sympathie oder Antipathie entscheiden. Mundgeruch oder strahlender Atem? Totengräber-Fingernägel oder saubere und gepflegte Hände? Überleg mal. Hygiene erhöht deine Chancen gewaltig!

Modemurks und Fashiontrip

Die richtigen Klamotten müssen vor allem zu DIR passen

Die Mutter von Philipp (15) versucht es zum 999. Mal: »Diese vergammelte Jeans ist wirklich das Letzte. Und das T-Shirt hat Flecken, die ich beim Waschen nicht rauskriege.« – »Das sind meine Lieblingsklamotten!« – »Komm, Philipp, gib dir einen Ruck.« Philipp denkt kurz nach, dann lächelt er: »Also gut, aber nur, wenn ich alleine einkaufen darf.« Da ist die Mama baff. Aber günstige Gelegenheiten soll man nutzen. »Hier hast du meine EC-Karte. Aber kauf was Anständiges!« Philipp zischt ab. Nach drei Stunden taucht er wieder auf und präsentiert stolz seinen Einkauf: eine fünf Nummern zu große Schlabberhose mit zerfetzten Beinen, megaschrilles T-Shirt, Baseball-Kappe – und Schuhe, mit denen man eine Elefantenherde gleich dreimal platt machen könnte. Philipps Mutter ist entsetzt. »Du solltest dir doch was Gescheites kaufen. Hättest dafür dann auch ruhig ein bisschen mehr Geld ausgeben können.« – »Hab ich doch. 320 Euro sind doch okay, oder? Mama? Mamaaa?«

Das mit den Klamotten ist schon so eine Sache. Wer bestimmt eigentlich, was in und was out ist? Da ist zunächst mal die Modeindustrie, die ihre Sachen verkaufen und damit Kohle machen will.

Und wenn dann erst mal ein, zwei aus der Clique

die neuen Fummel anhaben, wollen die anderen sie natürlich auch. Man will ja nicht zum Außenseiter werden. Das ist das Problem: der Gruppendruck. Aber mal ehrlich: Ist ein Mensch erst dann etwas wert und anerkannt, wenn er jeden Modetrend mitmacht? Eigentlich ziemlicher Quatsch, findest du nicht? Und ist es nicht absolut langweilig, wenn alle gleich aussehen?

Klar gehört Mut dazu, auch mal was anderes zu machen als die Clique. Und Mut bekommt man durch Selbstbewusstsein. Wenn du selbstbewusst bist, zeigst du, dass du stark bist und kein Weichei. Dumme Kommentare konterst du elegant: »Ist ein Mensch denn erst dann wertvoll, wenn er jede Mode mitmacht?«

Aber was passt zu dir und deinem Typ? Das musst du ausprobieren und in den Läden anprobieren, da gibts kein Geheimrezept. Wichtig ist, dass du dich in der Kleidung wohl fühlst. Und wenn du in den Spiegel schaust, musst du das Gefühl haben: »Jawohl, das bin ich!«

FLOP ▾

›› Du machst jeden Modetrend mit, nur weil die anderen auch darauf abfahren.

›› Du bezeichnest andere als altmodisch und »von gestern« und ihr schließt sie aus der Clique aus oder nehmt sie erst gar nicht auf, nur weil er oder sie sich anders kleidet.

›› Du lästerst über den Style der anderen.

TOP ▲

>> Du zeigst Selbstbewusstsein und schwimmst auch mal gegen den Strom.
>> Du versuchst die anderen von der Meinung zu überzeugen, dass der Wert eines Menschen nicht davon abhängig ist, welche Klamotten er anhat.

ÜBRIGENS ...

… wenn dein viel zu knappes Taschengeld nicht für das reicht, was du gerne haben willst – auf Flohmärkten oder in Secondhandshops gibt es oft günstige Schnäppchen, die gut aussehen.

Der Kampf mit Messer und Gabel

Essen ist Nahrungsaufnahme UND Kommunikationsform

Abendessen auf der Geburtstagsparty. Es gibt, was es immer gibt: Spaghetti mit Tomatensoße. Die Eltern von Lucy (13), dem Geburtstagskind, haben sich ins Wohnzimmer zurückgezogen. »Mit der Gabel krieg ich das nicht hin, die Spaghetti flutschen mir immer wieder weg«, sagt Manni zu Lucy, »gib mir mal ein Messer, ich schneid sie mir lieber klein.« – »Du musst den Löffel dazunehmen und sie darauf mit der Gabel drehen.« – »Das ist mir zu kompliziert. Schick mal ein Messer rüber!« Tim löst seine Probleme mit dem Besteck, indem er sich über den Teller beugt und die Spaghetti ohne lästiges Werkzeug einfach mit den Zähnen grapscht und reinschlürft. Rund um seinen Mund bildet sich eine interessante Soßenlandschaft. Etwas länger braucht Sabine, denn sie ist ein Fan der kleinen Portionen: Sie greift immer nur eine einzige Nudel mit den Fingern, führt deren Ende zum Mund und saugt sie dann mit spitzen Lippen genüsslich rein. Spritz, spritz! – Ralf will den Parmesan-Käse. Er legt sich quer über den Tisch um ihn sich zu holen. Dabei tunkt er das T-Shirt ordentlich in seinen Teller. Inzwischen wischt sich Tim die Soßenlandschaft in seinem Gesicht an der Tischdecke ab. Als die Küchentür langsam aufgeht, lässt Ralf einen kräftigen Rülpser ab. »Ich sehe, euch schmeckts«, sagt Lucys Mutter. »Und pfie!«, grölt Georg mit vollem Mund. »Fmeckt eft fuper!« Lucys Mutter schließt rasch wie-

der die Tür – bevor die Tomatensoßenspritzer aus Georgs Mund auf ihrem Gesicht landen können …

Messer und Gabel, Löffel und Serviette? Ist doch alles überflüssig. Wozu habe ich meine Hände, meine Finger?!

Na ja, unsere Vorfahren, die Affen, konnten und können und wussten und wissen es ja nicht anders. Aber wir? Irgendwie sind wir doch schon ein bisschen weiter als die Affengesellschaft, oder?

Okay, im Partykeller, wenn ihr unter euch seid, geht's niemanden was an, wie ihr euch das Essen reinzieht. Aber es ist ja leider nicht jeden Tag Party. Da sind die täglichen Mahlzeiten in der Familie, die Einladung von Oma oder Tante Esther, ein Besuch im Nobel-Restaurant … Und schon steht die Frage im Raum: Wie gehts zu bei Tisch?

Klar, dass Besteck zum Benutzen da ist, aber das Essen in der Familie oder in einer Gruppe dient natürlich nicht nur dazu, seinen Hunger zu stillen, sondern ist auch ein Gemeinschaftserlebnis. Man erzählt sich, was so los war am Tag, was vielleicht an Aufgaben ansteht oder man plant Unternehmungen für das Wochenende. Verständlich, dass nicht alle gleichzeitig durcheinander quatschen können, dann würde keiner mehr etwas vom anderen verstehen.

Übrigens, da gibts ein paar Geräusche, die beim Essen stören könnten. Das ist die Dreierbande RFS: Rülpsen, Furzen, Schmatzen. RFS gilt nicht bei

Tisch. Denn die Ohren und Nasen (der anderen) essen mit.

Im Restaurant geht es natürlich ein bisschen feiner zu als zu Hause. Findest du das anstrengend? Keine Bange, das überstehst du schon. Außerdem ist es doch ein edles Gefühl, sich von Kellnern von vorne bis hinten bedienen zu lassen. Und dann die riesige Auswahl auf der Speisekarte! Da fällt es einem manchmal richtig schwer, sich zu entscheiden. Aber du hast die große Chance, auch mal etwas Neues auszuprobieren. Müssen ja nicht Froschschenkel mit Himbeermarmelade sein. Ach, und übrigens: Die Serviette ist nicht zum Naseputzen gedacht, sondern zum Mundabwischen, wenn du mit dem Essen fertig bist (oder auch mal zwischendurch).

FLOP ▾

» Sich quer über den Tisch legen um an irgendwas ranzukommen.

» Sich den Mund so voll stopfen, dass man zehn Minuten zum Runterkauen braucht und sich in dieser Zeit nicht unterhalten kann.

» Quatschen mit vollem Mund. Ab 200 Gramm wirds undeutlich!

» Dreierbande RFS: Rülpsen, Furzen, Schmatzen.

TOP ▴

» Andere ausreden lassen und aufmerksam zuhören.

» Mit geschlossenem Mund kauen.

- Höflich um etwas bitten, das man vom anderen Ende des Tisches braucht.
- Die Mutter oder den Gastgeber loben und sich bedanken, wenn es geschmeckt hat.

ERSTE-HILFE-TIPP

Was wofür?

Hilfe, denkst du im Nobelrestaurant: Was soll ich mit so viel Besteck? Welche Gabel, welches Messer wofür benutzen? Wenn es ein mehrgängiges Menü ist, hast du tatsächlich ganz schön viel Werkzeug rechts und links und oberhalb deines Tellers. Ganz leicht: Was oberhalb des Tellers liegt, ist für den Nachtisch. Und was rechts und links an Messern und Gabeln liegt, wird »von außen nach innen« für den jeweiligen Gang benutzt.

Fit im Miteinander

Freunde & Bekannte

Das kleine Einmaleins der großen Wirkung

Die drei Zauberworte funktionieren IMMER

Claudia (13) ist mit ihren Eltern im Restaurant. »Ich brauch mal das Salz«, sagt sie zu ihrem Vater. Der reagiert nicht. »Hey, bist du taub? Ich brauch mal das Salz!« Immer noch keine Reaktion. Der Vater schaut nur kurz von seinem Teller auf, isst weiter. Claudia wird langsam wütend. Warum reicht er ihr das Salz nicht rüber? Na, endlich greift er zum Salzstreuer und reicht ihn ihr hinüber. »Wurde aber auch Zeit«, sagt Claudia motzend, »die Pommes sind so fad. Und das Ketchup brauch ich auch noch mal.«

Es sind wirklich Zauberwörter: Bitte, danke und Entschuldigung. Sie erleichtern das Leben auf erstaunliche Weise. Wenn du von jemandem was willst (etwa von deinen Eltern neue Klamotten oder von einem Freund eine CD ausgeliehen), dann hast du eine Bitte an dein Gegenüber. Er oder sie soll etwas für dich tun. Darum bittest du. Na ja, und wenn man eine Bitte an jemanden hat, warum soll man dann nicht auch »bitte« sagen? Mit diesen fünf Buchstaben öffnen sich die Türen (und die Ohren) bei dem, von dem du was willst. Viel leichter, als wenn du sagst: »Hey, ich will das und das!« Wenn von dir jemand was will – bist du da nicht viel eher bereit, auf die Bitte einzugehen, wenn sie mit einem »Bitte« verbunden ist?

Genauso ist es mit dem »Danke«. Denn die Erfüllung eines Wunsches ist ja nicht selbstverständlich. Es ist immer die freiwillige Entscheidung deines Gesprächspartners, ob er deine Bitte erfüllt. Er könnte ja auch »Nein« sagen, zum Beispiel, wenn er gerade schlecht gelaunt ist … Wenn er deinen Wunsch aber erfüllt, dann hat er etwas für dich getan. Und wenn er ein »Danke« hört, weiß er, dass du dich darüber freust.

Und ein ganz wichtiger Tipp: Das Danke wird es dir bei allen weiteren Gelegenheiten viel leichter machen, wieder eine Bitte erfüllt zu bekommen.

Das dritte Zauberwort – Entschuldigung – ist ebenfalls eine ganz heiße Nummer, mit der du einiges erreichen kannst. Claudia, die ihren Vater mit »Hey, bist du taub?« so angerotzt hat, hätte durch eine Entschuldigung etwas wieder gutgemacht. Und ihr Vater hätte die Entschuldigung bestimmt angenommen und wäre ihr nicht böse gewesen. So aber hat er sich nur gedacht: Wie die sich heute wieder aufführt … Das ist genau der Knackpunkt: Mit dem Wort »Entschuldigung« kann man etwas wieder glatt bügeln und in Ordnung bringen (aber nur, wenn es ernst gemeint ist).

ERSTE-HILFE-TIPP

Sorry!

Es ist niemals ein Zeichen von Schwäche, wenn man sich für etwas entschuldigt. Im Gegenteil: Damit zeigst du Stärke und Selbstbewusstsein.

Wenn du zugibst, dich falsch verhalten zu haben, zeigst du dem anderen gegenüber Respekt. Und solchen Respekt erwartest du ja auch, wenn jemand dir blöd gekommen ist.

Deine Entschuldigung sollte aber ehrlich sein. Ein wütendes »Also gut, dann entschuldige ich mich eben!« bringt gar nichts. Denn der andere merkt genau, dass das nicht von Herzen kommt.

Sich zu entschuldigen heißt nicht, sich ganz klein zu machen und zu schleimen. Selbstbewusstsein ist angesagt! Versuche bei der Entschuldigung deinem Gegenüber in die Augen zu schauen und ihn anzulächeln. Auch dadurch kann wieder Friede einkehren.

Warte nicht zu lange mit einer Entschuldigung. Je länger du wartest, desto schwieriger wird es, den Mut dafür zu finden. Und dann ist die Freundschaft vielleicht endgültig kaputt.

Cliquenwirtschaft

Gutes Benehmen unter Freunden?
Was soll denn das?

Auf dem Schulhof. Kai, Uwe, Flo und Martin haben sich in eine Ecke verzogen und beratschlagen, was sie am Nachmittag zusammen unternehmen sollen. »Ich bin für Fußball«, sagt Martin. »Ach nee, nicht schon wieder!«, protestiert Kai, »Fußball haben wir doch erst gestern gespielt. Ich will mal was anderes machen. Wie wärs mit Kino?« – »Läuft denn was Gescheites?«, will Uwe wissen. – »Keine Ahnung.« Martin bleibt stur: »Fußball ist angesagt!« Kai widerspricht: »Immer willst du alles bestimmen! Das seh ich gar nicht ein. Dann müssen wir halt abstimmen.« Das lässt sich Martin nicht gefallen: »Hey! Du hast wohl den Arsch auf, du Trottel. Ich bin der Älteste! Hast du das vergessen? Also, ich sage: Fußball!« – »Mir ist es egal, was wir machen; Fußball oder Kino – mir isses wurscht«, meint Uwe. »Mir auch«, sagt Flo. »Also, dann wäre das ja geklärt«, sagt Martin triumphierend.

In jeder Clique gibt es bestimmte Rangordnungen. Die haben sich so ergeben, weil die Leute unterschiedlich sind. Martin zum Beispiel ist einer, der einen ziemlich starken Willen hat und es gewöhnt ist, sich durchzuboxen. Deshalb hat er sich in der Clique zum Anführer gemacht. Die anderen sind nicht so stark. Nur Kai muckt immer wieder auf. Aber er hat wenig

Chancen gegen Martin, weil Uwe und Flo eher die stillen Mitläufer sind. Also bleibt Kai immer in der Minderheit.

Das mit dem »Du hast wohl den Arsch auf, du Trottel« war allerdings unter der Gürtellinie, oder? Auch unter Freunden sollten bestimmte Höflichkeitsregeln gelten. Das hat wieder mit dem gegenseitigen Respekt zu tun.

In Cliquen passiert es immer wieder, dass mal einer ausgeschlossen wird. Und andere werden erst gar nicht aufgenommen. Das kann ganz verschiedene Gründe haben. Vielleicht, weil derjenige oder diejenige nicht die »richtigen« Klamotten anhat oder zu dick ist oder zu gute Noten schreibt und deshalb von den anderen als Streber beschimpft wird. Wenn du dich ausgeschlossen fühlst, du aber unbedingt dazugehören willst, dann könntest du Folgendes versuchen: Sei besonders nett und aufmerksam zu den Cliquenmitgliedern, frag sie zum Beispiel, was sie am Wochenende gemacht haben, und rede weniger über dich selbst. Und mach auch schon mal Komplimente wie: »Ich wäre froh, wenn ich genauso gut die Nationalhymne rückwärts auf dem Kamm blasen könnte wie du …« Aber nicht übertreiben, sonst riechts nach Schleimerei.

Wenn du allerdings merkst, die wollen dich absolut nicht haben, dann bleibt nur eins: Vergiss sie und such dir andere Freunde. Muss ja nicht unbedingt an der Schule sein. Oft findet man über seine Hobbys (Sport, Schach, Musik, Computer, Pferde …) neue Kontakte, aus denen dann richtige Freundschaften werden können. Aber du musst schon selbst aktiv werden. Von nix kommt nix.

FLOP ▼

- Du hänselst andere wegen ihres Aussehens, ihrer Kleidung, ihrer schulischen Leistungen.
- Du schmeißt mit verletzenden Schimpfwörtern um dich.
- Du schleimst dich mit übertriebener Freundlichkeit an eine Clique oder deren Anführer ran.

TOP ▲

- Du bist freundlich und aufmerksam, machst auch schon mal ein (ehrlich gemeintes) Kompliment.
- Du wehrst dich (mit Worten) gegen ungerechte oder unfreundliche Behandlung oder Beschimpfungen.
- Du machst guten Freunden schon mal ein kleines Geschenk, nicht nur am Geburtstag.

Happy Birthday – coole Partys

Geburtstage feiern, zu Partys einladen und (wieder) eingeladen werden

»Hast du dir schon überlegt, wen du zu deiner Geburtstagsparty einladen willst?«, fragt Frau Baumann ihre Tochter Sabine, »ist doch schon in zwei Wochen.« – »Eeerst in zwei Wochen! Da hab ich doch noch massig Zeit.« – »Na, verschätz dich mal nicht. Du willst doch sicher Einladungskarten schreiben, oder?« Sabine: »Muss man das?« – »Was heißt müssen?«, meint Frau Baumann. »Müssen muss man nur aufs Klo. Aber eine Einladungskarte macht doch einen guten Eindruck bei deinen Freundinnen. Dann wissen sie, dass du dich freust, wenn sie kommen.« – »Okay«, sagt Sabine, »dann eben eine Einladungskarte. Wie viele Freunde darf ich denn einladen?« – »Wenns nicht die ganze Klasse ist …« – »Nein, natürlich nicht. Gabi und Bianca sind eh doof, also … und natürlich die vom Jazztanz … ich denke, mehr als 30 werdens nicht werden.« – »Wie viele?« – »Mit Freunden natürlich.«

Lust auf Party? Na, dann mal los. Muss ja nicht der Geburtstag sein, man kann auch mal eine Party »einfach so« schmeißen. Auf jeden Fall gilt: Mit guter Vorbereitung hast du den Erfolg schon halb in der Tasche – es soll doch ein unvergessliches Ereignis werden, oder?

Also zunächst die Einladung, und zwar rechtzeitig, so eine Woche bis 10 Tage vorher.

CHECKLISTE
Das gehört auf die Einladung

- Anlass der Party (Geburtstag, große Erbschaft gemacht, endlich Ferien oder einfach so ...).
- Datum und Uhrzeit (von wann bis wann).
- Charakter der Party, damit sich deine Gäste darauf einrichten können, was sie erwartet. Unter »Kaffeeklatsch bei Kerzenschein« stellt man sich etwas anderes vor als unter »Disco mit Spaghetti und Pommes«.
- Ist die Party mit oder ohne Übernachtung?
- Termin, bis wann du eine Zu- oder Absage erwartest (so vier Tage vor der Party).
- Deine Adresse und Telefonnummer.

Ist die Einladung geschafft und rückt der Tag näher: Zusammen mit deiner Mutter/deinen Eltern die Einkaufsliste schreiben. Gibt es unter deinen Gästen Diabetiker? Die dürfen nur Zuckerfreies essen und trinken. Oder Vegetarier, die kein Fleisch und keinen Fisch essen?

Ganz wichtig: Wirf deinen Nachbarn ein nettes Kärtchen in den Briefkasten, teile ihnen die Party mit und entschuldige dich schon mal vorab für eventuelle Lärmbelästigung. Und schreib eure Telefonnummer dazu – falls ihr die Anlage vielleicht aus Versehen doch mal zu hoch gedreht habt. Ein Anruf vom Nachbarn ist allemal besser als die Polizei vor der Tür …

Und dann kanns losgehen. Klar, dass du selbst an die Tür gehst, wenn es klingelt. Nimm deinen Gästen ihre Mäntel oder Jacken ab (vorher Platz an der Garderobe schaffen!), stell diejenigen, die sich noch nicht kennen, einander vor – auch deinen Eltern –, zeig ihnen, wo die Toilette ist. Wenn du Geschenke bekommst (Geburtstag), dann pack sie in Anwesenheit des Schenkenden aus, damit er sieht, dass du dich freust und es schätzt. Über das Danke haben wir ja schon gesprochen. Wenn du als Gastgeber/in immer freundlich und aufmerksam bist, kannst du sicher sein, dass du von den anderen zu deren Partys ebenfalls eingeladen wirst.

Und dann: It's partytime!

So, und jetzt noch ein paar Tipps für dich, wenn DU auf eine Party eingeladen bist. Klamottenmäßig machst du (bei einer »normalen«) Party nichts falsch, wenn du dich so kleidest, wie du sonst auch rumläufst. Bei einem Geburtstag vielleicht ein bisschen feiner oder abgefahrener. Geschenke sind nur bei einem besonderen Anlass, also zum Beispiel Geburtstag, angesagt. Aber da könntest du dir was Besonderes überlegen, eine Art Party-Gag. Und wenn du eine Einladung bekommen hast, aber nicht hingehen kannst oder willst – sag rechtzeitig ab (Thema Respekt).

CHECKLISTE
Die perfekte Party

» Die Einladung: Wann und an wen? Auf welchem Papier? Persönlich übergeben oder mit der Post schicken (Umschläge, Briefmarken besorgen)?

- Einkaufsliste für Essen und Trinken.
- Was soll an Programm geboten werden? Falls Gewinnspiele: Preise besorgen.
- Müssen ein paar Möbel weggeschoben werden, damit ihr mehr Platz habt?
- Namensschildchen für den Tisch?
- Frische Handtücher und Seife in der Toilette.
- Wer räumt hinterher auf?
- Ein Dankeschön am nächsten Tag an alle, die da waren.
- Falls jemand Fotos gemacht hat – darüber freut sich jeder als bleibende Erinnerung.

Platz da!

Wie reagierst du auf unhöfliche Mitmenschen?

Regina (14) ist ganz hektisch und aufgeregt. In einer Stunde kommt Annette (16) zu Besuch. Annette ist zwei Klassen über der von Regina, aber an einer anderen Schule. Kennen gelernt haben sie sich in der Disco. Regina hat schon immer für ältere Mädchen geschwärmt – weil die schon viel mehr Erfahrung haben und so einiges ausplaudern können, was immer ganz spannend ist. Und heute kommt Annette zum ersten Mal zu Regina. Die denkt: Oh, meine Güte, hier im Zimmer siehts ja aus! Ich muss unbedingt noch aufräumen. Also macht sie sich dran, all den Krempel, der auf dem Boden rumfliegt, zusammenzusammeln und irgendwo zu verstauen.

Es wird 15 Uhr, der Zeitpunkt der Verabredung. Regina hat Getränke aus dem Kühlschrank geholt, Gläser bereitgestellt. Chips und CDs liegen griffbereit. Ich bin so gespannt, denkt Regina, was Annette erzählt, was sie schon so alles mit Jungs …

Es ist 15.15 Uhr. Annette ist noch nicht da. 15.25 Uhr. Keine Annette. Regina wird langsam nervös und schaut ständig auf die Uhr. Hoffentlich ist ihr nichts passiert… 15.45 Uhr. Nichts. Und es wird auch 16 Uhr und 16.30 Uhr, ohne dass Annette aufkreuzt. Regina ist ziemlich verwirrt und greift zum Telefon. Sie hat ja die Nummer von Annette. Dort meldet sich deren Mutter. »Hier ist Regina. Ist die Annette da?« – »Nein«, sagt die Mutter, »die ist mit einer Freundin im Kino und kommt erst so um sieben nach Hause.«

Das ist nur ein klitzekleines Beispiel, wie man es NICHT machen sollte. Denn so was ist verletzend. Aber es gibt ja noch eine Menge viel härterer Dinge. Beleidigende Schimpfwörter zum Beispiel. »Ekelpaket«, »Zombie«, »außerirdisches Monster« sind dabei noch die harmlosesten, die anderen kennst du ja sicher, die brauchen wir hier nicht aufzuzählen. Oder wenn jemand irgendeine körperliche Macke eines anderen zum Anlass nimmt, sich darüber lustig zu machen (»Warzenschwein«, »Fettsack« oder »Brillenschlange«), auch so etwas ist verletzend und alles andere als höflich.

Mit den absichtlichen körperlichen Rempeleien oder gar tätlichen Angriffen ist das auch so eine Sache. Genauso unhöflich wie die Worte, nur eine oder zwei Stufen höher. Die Frage ist nur: Wie reagierst du, wenn jemand dir so kommt? Schlägst du zurück? Oder kannst du dich beherrschen, sagst ihm deutlich deine Meinung und verschwindest dann? Unten haben wir einen Do-it-yourself-Test abgedruckt, mit dem du abchecken kannst, was für ein Konflikt-Typ du bist.

Ein paar Worte noch zum Mobbing, weil das ebenfalls ein unhöflicher Wildwuchs ist. Das kennst du sicher: Da hackt die halbe Klasse auf einem Mitschüler rum. Hinter vorgehaltener Hand werden wahre, halbwahre und erfundene Sachen über den Betroffenen geflüstert. Manchmal sind das wirklich ganz üble Geschichten, mit denen jemand fertiggemacht werden soll. Tja, und was machst du in einer solchen Situation? Beteiligst du dich an der Kampagne oder ... Teste dich selbst! (Bei deinen Antworten kommst du ganz schnell selbst dahinter, welcher Konflikttyp du bist.)

DER TEST

Wie sensibel bist du?

Situation 1: Jemand hackt mit den übelsten Schimpfwörtern auf einem Klassenkameraden rum. Was machst du?

>> Ich halt mich da raus, geht mich nichts an.

>> Ich sage zu dem Pöbler: »Hey, jetzt hör aber mal auf. Der XY hat dir überhaupt nichts getan ...« Und dann verabrede ich mich für den Nachmittag mit dem Klassenkameraden, der da so übel beschimpft wurde.

Situation 2: Du siehst, wie jemand deinen besten Freund/deine beste Freundin auf dem Schulhof so böse anrempelt, dass der/die stolpert und hinfällt. Was machst du?

>> Ich stürze mich auf den Angreifer und fange eine Schlägerei an.

>> Ich kümmere mich um meinen besten Freund/meine beste Freundin und sag dem Angreifer deutlich meine Meinung.

Situation 3: Es wird gegen einen Klassenkameraden gemobbt. Was machst du?

>> Ich mache mit, weil ich den Typ sowieso nicht leiden kann.
>> Ich schlage mich auf die Seite des Gemobbten, indem ich den Mobbern laut und deutlich – so, dass alle es hören können – sage, wie eklig ihr Verhalten ist.

Liebe ist nur der Anfang

Beziehung & Partnerschaft

Der Antrag

Der schwerste Satz deines Lebens

Es ist passiert. Nicole (15) hat sich verliebt. Schlimm, schön, bis über beide Ohren, unsterblich. Und zwar in Miro, ebenfalls 15. Der ist seit ein paar Tagen neu in der Klasse. Als Miro an seinem ersten Tag ins Klassenzimmer kam, dachte Nicole sofort: Wow! Der sieht aber süß aus! Dann zum ersten Mal seine Stimme im Unterricht. Meine Güte, dachte Nicole, der kann ja richtig vernünftig reden, ohne sich zu verhaspeln oder Blödsinn zu verzapfen. Er scheint zwar ein bisschen schüchtern zu sein, aber das wäre ich wahrscheinlich auch, wenn ich neu in eine Klasse käme. Von Tag zu Tag spürte Nicole, wie es in ihrem Bauch immer mehr zu rumoren begann, wenn sie Miro sah und seine Stimme hörte. Die ultimative Gefühlslawine brach dann los, als sich ihre Augen in einer Pause mal zufällig trafen – und Miro lächelte. Und dieses Lächeln war nur für sie, das wusste Nicole genau. Seitdem herrscht bei ihr seelischer Katastrophenalarm. Ständig muss sie an Miro denken, kann sich kaum noch auf den Unterricht konzentrieren. Sie berät sich mit ihrer besten Freundin. »Was mach ich bloß, was mach ich bloß? In den Pausen hängt er nur mit den anderen Jungs rum. Da kann ich doch nicht einfach zu ihm hingehen und ihn anquatschen. Ach, der ist so süß! Seine Augen, seine Stimme, wie er sich bewegt, tolle Figur und dieser Knackarsch … Ach, was soll ich nur machen, dass er auf mich aufmerksam wird?«

Was für Nicole und die Mädchen gilt, gilt natürlich genauso für die Jungs: Wenns einen erwischt hat, ist es vorbei mit der Gemütlichkeit. Wenn er/sie dir nur flüchtig in die Augen schaut, schmilzt du dahin wie eine Tüte Eis bei 95 Grad. Das Herzflattern wird unerträglich, du redest dummes Zeug, kannst kaum noch was essen, schläfst schlecht. In deinem Hirn herrscht gähnende Leere und in deinem Bauch drehen drei Dutzend Doppeldecker Loopings.

Aber damit geht der Stress erst richtig los. Denn du willst ja, dass er/sie erfährt, wie es um dich steht, und du sehnst dich danach, dass er/sie deine Gefühle erwidert. Und diese Sehnsucht wird immer größer, je öfter ihr netten Blickkontakt habt. Aber du weißt immer noch nicht, was sein/ihr netter Blick oder sein/ihr Lächeln bedeutet. Und diese Ungewissheit kann unerträglich werden.

Also, was tun? Zunächst: Es gibt kein Patentrezept. Jeder sich anbahnende Kontakt ist anders gestrickt, weil alle Menschen verschieden sind. Aber es gibt ein paar heiße Tipps, mit denen du versuchen könntest, deinem/deiner Angehimmelten näher zu kommen. Oder willst du die nächsten dreißig Jahre nur zuschauen? Natürlich hat alles ein Risiko, denn du weißt ja nicht, wie er/sie auf dich steht. Aber wie heißt das schöne Sprichwort? Wer nicht wagt …

Nicole wäre wahrscheinlich gut beraten, wenn sie (als ersten Schritt) versuchen würde, in ein lockeres Gespräch mit Miro zu kommen – auch wenn es sie wahrscheinlich innerlich fast zerreißt, »nur« mit ihm zu reden. Sie könnte – und das gilt für alle, die in einer ähnlichen Lage sind – diesen ersten Kontakt dadurch anbahnen, dass sie so oft wie möglich den Augenkontakt sucht und ihn ebenso oft anlächelt. Flirt mit den Augen – schon mal probiert?

Wenn das Lächeln erwidert wird und dein angebetetes Gegenüber von sich aus nicht die Initiative ergreift, muss der nächste Schritt folgen: die persönliche Kontaktaufnahme. Anders gehts ja nicht – es sei denn, du willst weiter auf der Insel deiner durchwirbelten Gefühle leiden. Klar gehört dazu Mut, viel Mut sogar. Wenn du eher ein vorsichtiger Typ bist, fang mal so an: Sprich ihn/sie an und mach ihm/ihr ein unverfängliches Kompliment. Also zum Beispiel: »Hast aber heute ein tolles T-Shirt an!« Oder so. Und ihm/ihr dabei lächelnd in die Augen schauen! Oder: »Das war aber klasse, wie du die Mathe-Aufgabe gelöst hast!« Und wieder: Ihm/ihr lächelnd in die Augen schauen!

An seiner oder ihrer Reaktion wirst du sehen, wo der Hase hinläuft. Wenn er/sie positive Signale sendet (z. B. »danke« sagt und zurücklächelt oder gar sofort ein Gespräch mit dir anfängt), dann war dein erster Vorstoß schon mal zumindest nicht aussichtslos, sondern ein Anfang, den du ausbauen solltest. Wenn allerdings eher Achselzucken, ein gelangweiltes Gähnen oder Gleichgültigkeit die Reaktion ist, dann siehts nicht so gut aus – zumindest für den Moment. Aber du kannst es ja weitere Male versuchen.

Mal angenommen, ihr seid nun tatsächlich in ein (Zweier-)Gespräch gekommen und alles läuft nach Plan: Der Kontakt wird häufiger und immer noch netter, ihr unternehmt vielleicht schon mal was zu zweit, lernt euch näher kennen und deine Doppeldecker im Bauch werden immer noch rasanter und turbulenter – dann ist irgendwann die Stunde der Wahrheit angesagt. Da führt kein Weg dran vorbei. Es sei denn, er/sie ergreift die Initiative und gesteht dir ihre/seine Liebe. Dann wäre dein sehnsüchtiges Leiden endlich vorbei und ihr würdet euch um den Hals fallen. Wenn er/sie aber immer noch nicht »gezündet« hat und du es absolut nicht mehr aushältst, musst du aktiv werden. Nimm all deinen Mut bei einer passenden Gelegenheit zusammen und sag ihm/ihr das, was du ihm/ihr schon die ganze Zeit gestehen wolltest. Erst dann – wirklich erst dann – weißt du, wie er/sie darauf reagiert und zu dir steht. Und diese Klarheit wolltest du doch, oder? Auch wenn eine Enttäuschung das Ergebnis sein kann.

FLOP ▾

›› Du schleichst schüchtern um deinen heimlichen Schwarm herum und schmachtest stumm, ohne dir jemals was anmerken zu lassen.

›› Du versuchst, durch völlig abgefahrene Aktionen zu beeindrucken.

›› Du setzt deinen Schwarm unter Druck: »Wenn du mich nicht erhörst, dann tue ich mir etwas an.«

TOP ▲

- >> Gute Freunde bitten, mal vorsichtig für dich auszukundschaften, ob dein Schwarm schon vergeben ist.
- >> Kleine Komplimente im Alltag und immer wieder Blickkontakt: Diese Signale versteht auch der größte Beziehungstrampel.
- >> Zuhören ist die wirkungsvollste Liebeserklärung: Frage deinen Schwarm aus, lass ihn über seine Lieblingsthemen quatschen. Stundenlang. Er oder sie wird dich anschließend für den besten Gesprächspartner halten.

Abserviert

Wie überlebe ich eine Abfuhr?

Nicole hat es gewagt. Zuerst hat sie immer wieder den Augenkontakt mit Miro gesucht, ihn angelächelt. Dann hat sie sich ein Herz gefasst und ihm kleine Komplimente gemacht. Darauf hat Miro nicht ablehnend oder gleichgültig reagiert, sondern ebenfalls gelächelt. Dadurch fühlte sich Nicole natürlich ermutigt. Bis sie sich ein Herz fasste und Miro fragte, ob sie mal zusammen in eine Eisdiele gehen würden. Miro sagte ja. Nicole platzte fast das Herz vor Aufregung. Das erste Mal mit Miro an einem Nachmittag alleine was unternehmen! Aus diesem einen Mal wurden mehrere Male – und Nicoles Verliebtheit steigerte sich noch mehr. Bis sie es einfach nicht mehr aushielt und sie bei einem weiteren Treffen all ihren Mut zusammennahm: »Du, Miro, ich muss dir was sagen.« – »Ja, klar, sag!« – »Hmm ... Weißt du, ich glaub, ich hab mich ganz fürchterlich in dich verliebt.« Miro schaute Nicole an – und aus diesem Blick konnte Nicole sofort ablesen, dass die Verliebtheit nicht auf Gegenseitigkeit beruhte. Sonst hätte er über alle vier Backen gestrahlt. Er blickte aber ziemlich ernst und sagte dann: »Oh, ich fürchte, da gibt es ein Problem. Ich finde dich zwar sehr nett, aber ... ich steh eigentlich mehr auf Jungs ...«

Ja, so kanns manchmal leider gehen. Vielleicht hast du so etwas ja auch schon mal erlebt. Ähnlich schmerzhaft kann es ja auch sein, wenn man schon eine Beziehung hat und einer macht Schluss. Da fällt man dann in ein tiefes Loch und kämpft mit seinem riesengroßen Schmerz. Mehr noch: Das Leben erscheint einem dann richtig sinnlos. Wenn du Glück hast, können Freunde oder Freundinnen versuchen dich zu trösten.

Aber wie gehst du nun selbst damit um, das heißt, wie verhältst du dich gegenüber derjenigen oder demjenigen, der oder die dir eine Abfuhr erteilt oder Schluss gemacht hat? Klar bist du frustriert, wütend und verletzt. Hast du jetzt Rachegelüste? Würdest du ihm oder ihr jetzt am liebsten eine reinhauen oder dich irgendwie anders rächen für das, was dir angetan wurde? Solche Gefühle sind verständlich und normal. So wie die Verliebtheit ein ganz, ganz tief gehendes Gefühl ist, ist es auch die enttäuschte Liebe. Aber deshalb Rache? Das würde alles wahrscheinlich nur noch schlimmer machen. Denn der/die andere würde sich dagegen wehren und dann schaukelt sich das hoch und wird sehr unschön. Besser wäre es, du würdest jetzt Stil bewahren. Das ist leichter gesagt als getan und klingt fast unmöglich in so einer aufgewühlten Situation. Aber es könnte enorm hilfreich sein.

Versuch zunächst dich abzulenken. Unternimm was mit Freunden, damit du auf andere Gedanken kommst. Nur alleine zu Hause zu hocken und Trübsal zu blasen bringts nicht und verstärkt nur deinen Schmerz. Aber nehmen wir mal an, ihr beide, die ihr nicht glücklich miteinander geworden seid, seht euch jeden Tag in der Schule oder sonst wo. Dann ist das natürlich eine herausfordernde Situation. Denn es ist ja klar: Immer wenn du ihm oder ihr begegnest, gibt dir das wieder einen Stich ins Herz. Trotzdem: Versuch mal, mit Stil und Anstand damit umzugehen. Wenn es möglich ist, geh ihm oder ihr aus dem Weg. Und wenn ihr euch trotzdem seht – behalte die Ruhe anstatt auf ihn/sie loszugehen. Ja, das ist schwer. Aber es ist besser, als zum Beispiel die Reifen seines/ihres Fahrrads zu zerstechen oder sonst was. Wenn du Stil bewahrst, wirst du innerlich viel schneller wieder ruhig und ausgeglichen, als wenn du dich weiter in die verletzten Gefühle reinsteigerst.

Und noch was. Denk immer dran: Es gibt so viele nette und tolle Mädchen oder Jungs! Da wird dir schon irgendwann die Richtige oder der Richtige über den Weg laufen! Wahrscheinlich zu einem Zeitpunkt, an dem du gar nicht damit rechnest.

FLOP ▾

» Du beschließt, dich fürchterlich zu rächen, weil du verschmäht wurdest, und entfachst einen Kleinkrieg.

» Du glaubst, das Ende der Welt sei nah, nur weil dich einer von über 6.000.000.000 Menschen nicht mehr als alle anderen lieben will.

» Du beschließt: NIE WIEDER! Das Thema Liebe ist für dich gestrichen. Heute. Morgen. Immer!

TOP ▲

- » Du sagst dir, dass es noch mindestens 5.999.999.999 andere nette Menschen auf der Welt gibt, da wird der/die Richtige garantiert dabei sein.
- » Du bist froh darüber, dass du jetzt zumindest Klarheit hast und deine Zeit nicht mehr mit stiller Sehnsucht vergeuden musst, sondern dich auf die Suche nach dem/der Richtigen machen kannst ...
- » Du weißt: Erfahrungen machen reif. Reif für die eine, einzige, wahre große Liebe, die noch kommen wird – und für die du alle Erfahrungen brauchst. Auch die schmerzhaften ...

Elternabend

Für viele die Hölle auf Erden: Eltern

Martin hat eine neue Flamme: Elena. Die beiden sind seit drei Wochen unsterblich ineinander verliebt. Langsam wird es Zeit, dass ihre Eltern Martin kennen lernen. In einem Buch hatte sie mal gelesen, wie man seine Eltern am besten für diesen Schock präpariert. Und zwar nach der ABV-Methode: Andeuten, Berichten, Vorstellen. So hat sie zunächst nur Andeutungen gemacht, ein paar Tage später etwas ausführlicher berichtet, seit wann sie Martin kennt und wie er so ist, und dann gefragt: »Darf ich ihn mal mitbringen?« Die Eltern waren begeistert. Martin kommt am Samstag Nachmittag. Elenas Mutter hat Kuchen eingekauft. Und so sitzen sie dann zu viert am Wohnzimmertisch (»Aber nicht zu lange, dann gehen wir bald in mein Zimmer«, hatte Elena ihre Eltern vorgewarnt). Die Unterhaltung verläuft schleppend, aber Elenas Augen strahlen. »Was machen denn deine Eltern beruflich?«, will Elenas Vater wissen. Martin wechselt einen kurzen Blick mit Elena. »Meine Mutter schlägt sich so durch, als Reinigungskraft.« – »Und dein Vater?« – »Mein Vater? Keine Ahnung. Den habe ich nie kennen gelernt.« – »Aha!«, sagte Elenas Vater. »Will noch jemand ein Stück Kuchen?«, fragt ihre Mutter …

Was tun, wenn »ihre« oder »seine« Eltern dich nicht auf Anhieb sympathisch finden? So was würgt erst mal im

Hals. Du möchtest ja auch von den Eltern deiner/deines Liebsten gemocht und anerkannt werden. Denn wenn man nicht so gern gesehen ist, wird es schwierig werden, ständig dort aufzukreuzen.

Da müssen wir zunächst mal was klären: Für alle Eltern ist es eine »neue Baustelle«, wenn ihr Kind plötzlich einen Freund/eine Freundin hat und anfängt, sich von zu Hause loszulösen. Denn jetzt sind nicht mehr sie, die Eltern, die Nummer eins, sondern ein anderer Mensch. Das müssen sie erst mal verkraften. Sie haben also Verlustängste. Vielleicht haben sie aber auch nur Angst davor, was passiert, wenn die Beziehung wieder auseinander geht – dass du eine bittere Enttäuschung und Liebeskummer nicht ertragen könntest. Oder sie befürchten, dass du durch deinen Freund/deine Freundin in Kreise kommen könntest, die dich negativ beeinflussen: zu Gewalt, Kriminalität oder Drogen. Oder sie denken einfach nur, dass Sex mit 15 noch zu früh ist.

Wie auch immer. Bleib cool und denk dir: Mein Partner muss mir gefallen und nicht meinen Eltern (auch wenn du es dir wünschen würdest). Es ist dein Leben. Und nur aus deinen eigenen Erfahrungen – und dazu gehören leider auch Enttäuschungen – kannst du für später lernen.

Wenn du derjenige bist, der von den Eltern deines Partners erst mal schräg angeschaut oder misstrauisch behandelt wird, dann solltest du dich nicht ins Bockshorn jagen lassen. Lass dich nicht beirren und zeig dich von deiner besten Seite. Sei höflich und freundlich zu ihnen und zeige ihnen, dass du mit ihrem Sohn oder ihrer Tochter nur liebevoll umgehst und sein/ihr Bestes willst (na ja, müssen ja nicht unbedingt Knutschorgien in deren Anwesenheit sein).

Es gilt aber auch ein paar Feinheiten zu beachten. Denn nicht alle Eltern sind gleich. Da gibts unterschiedliche Typen. Unten findest du einen Test, wie du herausfinden kannst, zu welchem Typ deine und seine/ihre Eltern gehören. Wenn ihr diesen Test für jeweils eure Eltern gemacht habt, wisst ihr, was Sache ist. Und dann könnt ihr euch darauf einstellen und entsprechend damit umgehen. Denn Eltern müssen manchmal erzogen werden. Und wenn du deine eigenen Eltern ein bisschen erziehst, werden sie deinen Partner vielleicht auch leichter akzeptieren, weil sie möglicherweise dann kapiert haben, was das heißt: Respekt und Toleranz zu üben.

DER TEST
Welchen Elterntyp hast du?

Zunächst zur Punktewertung: Bei allen Fragen kannst du 1–3 Punkte vergeben.

1 Punkt: Deine Eltern bestimmen immer und setzen sich durch, ohne auf deine Meinung Rücksicht zu nehmen.

2 Punkte: Deine Eltern sprechen mit dir. Sie versuchen zwar, dich von ihrer Meinung zu überzeugen, aber deine endgültige Entscheidung akzeptieren sie.

3 Punkte: Deine Eltern mischen sich bei diesen Fragen gar nicht ein, sondern überlassen die Entscheidung dir alleine.

Zähle dann alle Punkte zusammen. Am Schluss findest du eine Auswertung.

Und hier die Fragen:
Wie würden deine Eltern reagieren, wenn …

>> ... du ganz ausgeflippte Klamotten in die Schule anziehen würdest?
>> ... du mit grün gefärbten Haaren nach Hause kommen würdest?
>> ... du rauchst?
>> ... du bei einem Freund/einer Freundin übernachten möchtest?
>> ... du dein Taschengeld für etwas ausgeben willst, das ihnen nicht passt?
>> ... du sie über Nacht am liebsten aus dem Haus hättest, damit du für deine Geburtstagsparty sturmfreie Bude hast?
>> ... du die Schule wechseln möchtest?
>> ... du die Idee hast, die Möbel aus deinem Zimmer rauszuschmeißen und dir welche vom Sperrmüll zu holen?
>> ... du null Bock hast, für eine Schulaufgabe oder Prüfung zu lernen?
>> ... du plötzlich dein Hobby (Fußball, Reiten oder anderes) aufgeben willst?

- » … du einen Beruf anstreben willst, der ihnen nicht passt?
- » … du keine Lust hast, auf den Sonntagsausflug mitzukommen?
- » … du alleine mit Freunden in Urlaub fahren möchtest?
- » … du dein Zimmer nicht aufräumst?
- » … du dir einen Job zum Geldverdienen suchst, um dein Taschengeld aufzubessern?

AUSWERTUNG

15 bis 22 Punkte:

Uff, du hast echt noch autoritäre Chefs erwischt. Herzliches Beileid. Das wird wohl noch eine Weile dauern, bis du sie ein bisschen umbiegen kannst. Denn sie sind es nicht gewöhnt, zu diskutieren. So was funktioniert vielleicht mit Kleinkindern, aber nicht mit halbwegs vernünftigen Jugendlichen. Sie müssen lernen, dich deine eigenen Entscheidungen treffen zu lassen. Und das betrifft auch die Partnerwahl. Ein hartes Stück Arbeit und Kampf für dich. Aber zeig ihnen immer wieder anhand konkreter positiver Beispiele und Handlungen, dass du nicht mehr das Baby bist, das sie bevormunden müssen. Sondern dass du ganz gut für dich entscheiden kannst.

23 bis 35 Punkte:

100 % perfekt sind deine Eltern zwar noch nicht, aber sie geben sich Mühe. Denn sie zwingen dir nicht alles auf, sondern reden mit dir und wollen friedliche Lösungen finden. Klar haben sie ihre eigenen Meinungen (die oft nicht deine sind), und in einigen Fragen

habt ihr sicher immer wieder Knatsch. Aber deine Eltern sind lernfähig. Deshalb ist anzunehmen, dass sie deinen Partner bald akzeptieren werden.

36 bis 45 Punkte:

Manche mögen deine Eltern für obercool halten. Aber Vorsicht: Vielleicht sind sie etwas zu sorglos und uninteressiert, was dich betrifft. Ein gewisses Maß an Toleranz muss sein, aber wenn sich deine Eltern überhaupt nicht für dich und deine Probleme interessieren? Dann werden sie auch zu deinem Partner keine gute oder überhaupt keine Beziehung aufbauen. Trotzdem: Dein Typ Eltern hat gute Chancen, einen Lorbeerkranz zu gewinnen. Du musst sie nur dazu erziehen, sich mehr für dich zu interessieren. Und das kannst du erreichen, indem du mit ihnen redest und von dir erzählst. Beim Essen zum Beispiel können sie nicht weglaufen!

Der Kuschel-Komplex

Schmusen wann, wo und wo nicht

Wolfgang Hoffmann stand wie jeden Freitag vor der Schule, um seine Tochter Anita (13) mit dem Auto abzuholen. Am Freitag hatte er schon mittags Feierabend und die Schule lag auf seinem Nachhauseweg. Da ließ es sich gut einrichten, dass er seine Tochter aufgabelte. Normalerweise wartete Anita immer an der Bushaltestelle. Aber heute war sie nicht da. Komisch, dachte Herr Hoffmann, ist sie vielleicht doch mit dem Bus gefahren? Etwas abseits lümmelte ein Schüler-Pärchen auf einer Bank und war in heftigste Knutscherei verwickelt. Anitas Vater schüttelte den Kopf. Was manche Kinder sich in der Öffentlichkeit trauen! Wahrscheinlich verwahrloste Gören, kaputtes Elternhaus, Drogen. Ich glaube, das Thema muss ich beim nächsten Elternabend mal ansprechen, dachte Herr Hoffmann. Da löste sich das Pärchen aus der Umarmung und kam Hand in Hand auf sein Auto zu. NEIN! Es war seine Tochter Anita mit einem Jungen! Sie verabschiedeten sich noch mal mit einem langen Kuss, dann stieg Anita ein. »Hi, Daddy!« Wolfgang Hoffmann fuhr los. »Sag mal«, sprach er Anita an, »müsst ihr eure Knutscherei in aller Öffentlichkeit treiben? Ihr habt doch beide ein Zuhause, wo ihr euch treffen könnt und ungestört seid. Und wer war das überhaupt? Und schon mit 13, und …«

Tja, erwischt. Aber was heißt »erwischt«? Ist es denn

verboten, sich lieb zu haben und sich das auch durch Zärtlichkeit zu zeigen? Natürlich nicht. Aber an jedem Ort (in der Schule, im Bus, vor Eltern und Freunden)? Und dann vielleicht so intensiv, dass die Zuschauer denken müssen, ihr würdet euch gleich die Kleider vom Leib reißen und übereinander herfallen? Mal ehrlich: Ist es nicht viel schöner, wenn man ungestört ist? Liebe ist ja was Intimes, etwas Inniges nur zwischen euch beiden. Und eigentlich geht es niemanden etwas an. Aber wenn ihr außerhalb eures Zuhauses unbedingt und dringend Lust auf Knutschen habt (und wenn nicht der Vater im Auto vor der Schule wartet oder die Mutter zu Hause mit dem Mittag- oder Abendessen), dann sucht euch eine abgelegene Parkbank oder sonst einen ungestörten Ort, wo ihr keine Zuschauer habt.

Zärtlichkeit und Kuscheln: Und wenn der eine will, der andere aber nicht? Das kommt in den besten Familien vor. Ganz normal. Nicht jeder ist zu jedem Zeitpunkt in derselben Stimmung wie der andere. Vielleicht hast du dich heute wahnsinnig über die schlechte Note in der Mathe-Schularbeit oder irgendetwas anderes geärgert und musst das erst mal verdauen. Da bist du einfach jetzt nicht zum Schmusen und Kuscheln aufgelegt, weil deine Gedanken ganz woanders sind. Wenn einer der beiden also mal nicht »gut drauf« ist, heißt das ja nicht, dass er oder sie den Partner nicht mehr liebt. So was zu glauben wäre Quatsch. Da heißt es, Respekt und Verständnis zu zeigen und auch nachzufragen: »Was beschäftigt dich denn? Hast du irgendein Problem?« Denn dazu ist eine Beziehung ja da: dass man ein offenes Ohr für den anderen hat. Und dann könnt ihr darüber reden. Vielleicht ändert sich dadurch ja die Stimmung mit der Zeit. Ein Recht auf Zärtlichkeit zu jedem Zeitpunkt hat niemand, denn dazu gehören ja immer zwei, die sich einig sein müssen. Und dann ists sowieso viel schöner, als wenn einer nur widerwillig oder mit halbem Herzen dabei ist.

FLOP ▾

- Knutschorgien im Schulhof oder gar dem Klassenzimmer. Bestenfalls erntest du schwachsinnige Kommentare von neidischen Mitschülern, dümmstenfalls meint ein Lehrer, zu Disziplinarmaßnahmen greifen zu müssen.
- Erotische Rangeleien im Freibad. So was könnte nicht wenige Jungs in Sichtweite antörnen. Und nicht jeder hat seine physisch-hormonellen Reaktionen im Griff oder zumindest weite Badeshorts an. Also: Hab Mitleid mit den Armen, die zusehen müssen.
- Heftigkeiten aller Art dort, wo Eltern oder andere erwachsene Verwandte aufkreuzen können. Die sehen unter Umständen genau hin, wer da beteiligt ist. Und Erwachsene können in der Regel nicht den Mund halten ...

TOP ▴

- Je ungestörter ihr beim Schmusen seid, desto intensiver ist das Gefühl.

» Zu jeder Art von Körperkontakt sollte es nur kommen, wenn beide wollen. Diese Regel gilt. Immer!
» Zärtlich zu sein ist nichts Schlechtes. Aber es kann Unbeteiligte zumindest verwirren. Vor allem jüngere Kinder können mit praktischem Anschauungsunterricht nicht souverän umgehen. Deshalb: Kein Kampfknutschen vor dem Kindergarten.

Die Rechnung, bitte

Wer bezahlt wann und wie?

Michael (14) hat heute sein erstes Date mit Christiane (14). Wochenlang hat er gebaggert, Christiane hatte lange gezögert, ihn immer wieder hingehalten. Aber dann ließ sie sich doch breitschlagen. »Treffen wir uns dann heute Nachmittag um halb vier im Lollipop?« – »Ich komm hin«, sagt Christiane, »aber ich hab nur eine Stunde Zeit.« Beide sind pünktlich. Michael ist mächtig stolz auf sich, dass er Christiane rumgekriegt hat. Sie unterhalten sich über die Schule, lästern über Lehrer, tauschen sich über die neuesten CDs aus, schlabbern ihren Eisbecher. Als die Stunde rum ist und es ans Bezahlen geht, will Michael unbedingt den Kavalier spielen und sagt: »Darf ich bezahlen?« Christiane ist etwas überrascht. Na, der geht ja ran. Sie errötet ein wenig, zögert kurz. Aber dann nickt sie: »Okay, danke.« – »Treffen wir uns mal wieder?« – »Mal sehn …«

Wie ist das nun generell: Wer bezahlt? Michael wollte sich natürlich nicht lumpen lassen, weil es das erste Date mit Christiane war und er mit ihr noch mehr vorhatte. Aber wie ist das in einer Beziehung mit der Kohle? Wenn man zusammen weggeht? Wer bezahlt? Die Zeiten sind schon längst vorbei, in denen der Junge das Mädchen einladen muss. Und das ist auch gut so, da hat die Gleichberechtigung ein paar altmodische

Zöpfe abgeschnitten. Aber darf ein Junge ein Mädchen einladen (ins Kino, in die Disco ...)?

Aber klar doch, wenn er gerade gut bei Kasse ist. Auch das Mädchen darf den Jungen einladen. Eine Beziehung ist ja eine Sache auf Gegenseitigkeit, oder? Nur wenn der Junge immer für dich bezahlen will, solltest du vorsichtig sein. Finanzielle Abhängigkeit kann gefährlich werden; denn in Zeiten, in denen ihr euch vielleicht mal nicht so gut versteht, könnte er seine kohlemäßige Großzügigkeit als Druckmittel gegen dich einsetzen.

Ansonsten kann jeder für sich selbst bezahlen oder ihr legt zusammen. Was ist aber, wenn nur einer von euch beiden Schotter hat? Dann gibts die Möglichkeit, sich gegenseitig was zu leihen. Wenn du derjenige oder diejenige bist, der oder die sich vom Partner was leiht, dann solltest du aber zusehen, dass du es bald zurückzahlst. Schulden sind Ehrenschulden. Sonst könnte es zu Missstimmungen kommen, und das solltest du vermeiden.

FLOP ▾

» Wenn du als Junge sagst: Ich bin der Boss in der Beziehung, also zahle ich immer.

» Wenn du als Mädchen denkst: Er hat ja sowieso immer mehr Geld als ich, also soll er ruhig zahlen.

» Schulden nicht zurückzahlen oder sich zu lange Zeit mit dem Zurückzahlen lassen.

TOP ▲

- Wenn du gerade mal sehr gut bei Kasse bist, deinen Partner ganz überraschend einladen.
- Heißer Tipp: Wenn es eine totale Überraschung werden soll, entschuldige dich kurz (»Ich muss mal auf Toilette«) und zahle beim Kellner, ohne dass dein Partner es sieht. Wenn ihr dann gehen wollt, sagst du: »Es ist schon bezahlt!«
- Darauf achten, dass das mit dem gegenseitigen Einladen sich ungefähr die Waage hält.

Vorsicht, Minenfeld!

Eltern und andere Katastrophen

Trag immer saubere Unterhosen

Warum Eltern nerven. Und wie man sich nicht nerven lässt

Rüdiger Stadtmüller reißt die Tür zum Zimmer seines Sohnes Christian (12) auf und brüllt: »Kannst du nicht ein einziges Mal das tun, was man dir sagt?« Keine Antwort. Christian liegt auf seinem Bett, Augen geschlossen, Kopfhörer auf den Ohren. Langsam dreht er sich um, sieht seinen Vater und nimmt die Kopfhörer ab. »Hä?« – »Du hast den Rasen immer noch nicht gemäht!« – »Ja, ja, kommt schon. Alles zu seiner Zeit.« Der Vater ist ziemlich wütend. »Und dein Zimmer könntest auch mal wieder aufräumen. Das sieht ja hier aus wie im Saustall. Heb wenigstens deine versifften Unterhosen vom Boden auf und bring sie in den Wäschekorb!« Christians Vater rauscht aus dem Zimmer und knallt die Tür hinter sich zu. Christian setzt sich den Kopfhörer wieder auf …

Typisch Eltern. Nervig bis zum Anschlag. Nie können sie einen in Ruhe lassen, immer wollen sie was. Wie kann man ihnen das bloß austreiben?

Austreiben wird man ihnen das nicht können, immerhin sind sie ja, solange du nicht 18 bist, für dich verantwortlich. Aber ihr könntet Regeln vereinbaren, damit es nicht so oft zu solchen stressigen Nerv-Situationen kommt. Und die haben mit gegenseitigem Respekt zu tun. Ihr könntet zum Beispiel Folgendes verabreden: Immer wenn du deine Ruhe haben und nicht blöd angequatscht werden willst, hängst du eine rote Ampel oder Laterne an die Zimmertür. Das müssen dann alle akzeptieren. Oder ein rotes Schildchen ans Hemd. Das können deine Eltern und Geschwister ja auch machen, wenn sie nicht genervt werden wollen.

Wenn irgendwelche Aufgaben anstehen – Rasen mähen, Zimmer aufräumen und Ähnliches –, versuche in Verhandlungen zu treten: »Okay, ich machs bis dann und dann« (na ja, nicht erst in einem halben Jahr). Und dann einigt ihr euch auf einen Zeitraum. Daran solltest du dich halten, damit sie sehen, dass man sich auf dich verlassen kann. Du wirst sehen, dass du damit für die Zukunft gute Karten hast.

Und wenn ihr trotzdem mal wieder Streit und Stress habt und euch gegenseitig anbrüllt – legt eine Denkpause ein. Einfach sagen: »Pause, bitte.« Dann zieht sich jeder erst mal zurück, und oft haben sich nach einer halben Stunde die Gemüter wieder beruhigt und man kann über Kompromisse verhandeln.

ÜBRIGENS ...

... Eltern reagieren meist besonders geschockt, wenn ihre Kinder ...

» ... Drogen nehmen und/oder mit ihnen handeln.
» ... stehlen.
» ... in der Schule beim Schummeln erwischt wurden.
» ... jemand anderen brutal verprügelt haben.

Den letzten Bus verpasst

Wann muss ich nach Hause kommen?

Kai (15) hat noch lange keine Lust, die Party zu verlassen, obwohl er eigentlich jetzt den Bus nehmen müsste, um zur verabredeten Zeit zu Hause sein. Aber im Moment ist gerade so eine tolle Stimmung, und außerdem die kleine Blonde da hinten … Dann soll mich nachher der Dominik auf dem Moped mitnehmen, denkt Kai, und zu Hause sage ich, ich hätte den letzten Bus verpasst. Mitternacht. Durch das Wohngebiet düsen 10 Mopeds, die meisten davon frisiert und auf Dezibel getrimmt. Vor Kais Haus stoppt die Truppe. In einigen Häusern gehen Lichter an. Kai schwingt sich vom Sattel und verabschiedet sich lautstark, damit die anderen ihn trotz Mopedgeknatter verstehen. Dann schwankt er leicht angedudelt Richtung Haustür. Seine Kumpels drehen noch eine Ehrenrunde und machen dann die Fliege. Kai sucht verzweifelt nach seinem Schlüssel. Da öffnet sich die Haustür – und im hell erleuchteten Flur steht sein Vater im Schlafanzug …

Dumm gelaufen. Ich will meine Freiheit, denkst du, will über mich selbst bestimmen. Aber wenn ihr eine bestimmte Uhrzeit ausgemacht habt? Dann machen sich deine Eltern vielleicht Sorgen – und zwar ehrliche Sorgen, auch wenn die wahrscheinlich unbegründet sind. Es könnte was passiert sein, denken sie.

Klar wär das toll, wenn jeder zu jedem Zeitpunkt alles nach Lust und Laune tun könnte, was ihm so ins Hirn spukt. Oder vielleicht doch nicht so toll, wenn man sich an keine Vereinbarungen und Regeln hält? Stell dir vor, du kommst mittags (oder abends) nach Hause, bist es gewöhnt, dass zu einer bestimmten Zeit gegessen wird. Aber statt Essen auf dem Tisch gibt es Mutter in der Badewanne, die gelangweilt meint: »Och, ich hatte heute keine Lust, zu kochen …« – Oder stell dir vor, euer Lehrer sagt in der letzten Stunde, einfach so: »Ich hab noch zwei Stunden Zeit bis zu meinem Friseurtermin. Dann bleiben wir heute mal alle bis um drei hier, damit ich nicht so alleine bin …« Wäre doch fies, oder? Nein, so was geht nicht.

Also gibt es zwischen den Menschen bestimmte Vereinbarungen und Abmachungen. Und an die müssen sich alle halten, sonst bricht das Chaos auf Erden aus. Und Chaos ist wohl das Allerletzte, was du brauchen kannst.

Zurück zum Pünktlichsein. Wenn etwas fest ausgemacht ist, solltest du dich daran halten. Aber: Du meinst, der Zeitpunkt des Nachhausekommens sei für dich zu früh? (»Ich bin immer der Erste, der von der Party verschwinden muss, und alle schauen mich blöd an.«) Dann tritt in Verhandlungen mit deinen Eltern ein, sprich über deine Gefühle, damit sie dich verstehen. Bei Forderungen nicht übertreiben! Nicht 3 Uhr nachts fordern! Biete eine Gegenleistung an. Freiwillige Hausarbeit zum Beispiel. So etwas macht sich immer gut und erhöht deine Chancen. Geben und nehmen: Wenn sich das mal einspielt, wirst du Schritt für Schritt weitere Freiheiten erhalten. Wenn du dich als zuverlässig erweist und dich an Abmachungen hältst. Dadurch entsteht Vertrauen seitens deiner Eltern zu dir und sie wissen: Super, wir können uns auf sie/ihn verlassen. Wenn nicht, dann hast du bei den nächsten Verhandlungen verflixt schlechte Karten …

Und sorge dafür, dass deine Eltern immer wissen, wo du bist. Das ist ganz wichtig. Denn wenn sie es nicht wissen, machen sie sich Sorgen. So sind sie halt. Verzeih es ihnen, denn es könnte ja wirklich mal was passieren (du bist vom Auto angefahren worden, bist irgendwo ohnmächtig geworden …). Lass sie nicht im Unklaren, wo du dich aufhältst. Das gilt auch für den Fall, dass du dich aus irgendeinem Grund verspätest – Bus hat eine Panne, deine Freundin Nicola hat Nasenbluten und du musst dich um sie kümmern oder was immer. Ruf sofort zu Hause an und gib Bescheid. Deine Eltern werden dann dafür Verständnis haben und dankbar sein, dass du dich meldest. Pluspunkt für dich.

FLOP ▾

» Du hältst dich nicht an Vereinbarungen.

» Du meldest dich telefonisch bei deinen Eltern und erfindest dabei irgendeine Geschichte, warum du später nach Hause kommst.

TOP ▲

- Wenn du weißt, dass irgendwann demnächst eine größere und für dich wichtige Sache »abgeht«, bei der du unbedingt längeren Ausgang brauchst, dann versuche auszuhandeln, dass du die Zeit dafür vorher »zusammensparen« darfst.
- Wenn eine Party langweilig ist, geh doch einfach früher nach Hause. Deine Eltern werden Augen machen, Respekt vor dir haben und sich freuen, dass du nicht immer alle zeitlichen Grenzen »ausreizt«.

Mein ganzes Mitgefühl ...

Im Krankenhaus und bei Beerdigungen – die hohe Schule der Rücksichtnahme

Cornelias Freundin Tamara (15) muss ins Krankenhaus – Blinddarmoperation. Keine aufregende Sache heutzutage, trotzdem lästig. Am Tag nach der Operation überlegt Cornelia, ob sie Tamara besuchen soll. Sie würde sich bestimmt freuen. Aber Cornelia war noch nie zu Besuch in einem Krankenhaus, hat aus Erzählungen den Eindruck, dass das was Horrormäßiges sein muss. Allein die Gerüche dort. Und dann die vielen Kranken, denen man begegnet, dieses Leid ... Und worüber redet man am Krankenbett? Und wenn es Tamara noch nicht so gut geht und sie noch gar keinen Besuch haben will? Cornelia zögert und zögert und spricht auch mit ihrer Mutter darüber. Die hat eine klare Meinung. »Ist sie deine Freundin?« – »Klar!« – »Dann geh hin.«

Die Scheu vor Krankenhausbesuchen ist verständlich. Man möchte ja nicht unbedingt mit dem Leid anderer Menschen konfrontiert werden. Aber wenn es eine Freundin, ein Freund, ein Verwandter ist? Dann sollte man sich schon überwinden und dem anderen durch einen Besuch sein Mitgefühl zeigen. Er oder sie freut sich bestimmt. Allerdings gibt es ein paar Regeln, die du beachten solltest.

Erkundige dich zunächst (bei Verwandten des Kranken oder telefonisch auf der Station), ob er oder sie schon Besuch empfangen darf. Falls derjenige Telefon am Bett hat – ruf kurz an und frag nach, ob und wann es passt. Besuchszeiten beachten. Als Mitbringsel könntest du was zu lesen besorgen. Wenn du dann am Krankenbett sitzt, erkundige dich zuerst, wie es ihm oder ihr geht. Du wirst schnell merken, ob er oder sie länger über die Krankheit sprechen will oder nicht – oder lieber über etwas anderes. Darauf solltest du Rücksicht nehmen. Und wenn er oder sie gar nicht viel spricht, dann erzähl ein bisschen von dir, aber möglichst nur Positives. Du willst dein Gegenüber ja nicht stimmungsmäßig runterziehen. Länger als eine halbe Stunde sollte ein Krankenbesuch nicht dauern. Kranke brauchen ihre Ruhe um zu genesen. Bei ganz engen Verwandten (wenn sie schon deutlich auf dem Weg der Besserung sind) kann der Besuch auch länger dauern. Wichtiger Hinweis am Rande: Handys sind im Krankenhaus nicht erlaubt, weil sie die empfindlichen medizinischen Geräte stören könnten. Und geraucht wird auch nicht.

Das Schlimme ist passiert: Jemand aus der Verwandtschaft oder aus dem Bekanntenkreis ist gestorben und du musst auf die Beerdigung. Das ist sicher unangenehmer als ein Krankenbesuch. Und eine sehr traurige Angelegenheit noch dazu. Aber indem du hingehst, zeigst du, dass der Verstorbene dir etwas wert war – und du zeigst den Verwandten dein Mitgefühl. Was ziehst du an? Wenn du keine schwarzen Klamotten hast, geht auch eine dunkelblaue oder graue Hose/

Rock/Kleid und ein ebenfalls gedecktes Oberteil. Also nicht das schrille T-Shirt, das du immer in der Disco anhast.

Manchmal wird in der Todesanzeige geschrieben: »Von Beileidsbekundungen ist abzusehen. Es liegt eine Kondolenzliste auf.« Das heißt, die Verwandten möchten nicht, dass jeder ihnen am Grab ihr Beileid ausspricht und ihnen die Hand gibt. Sie möchten lieber mit ihrem Schmerz alleine zurechtkommen. Stattdessen die Kondolenzliste, in die sich die Trauergäste eintragen können.

Du gehst ja wahrscheinlich nicht alleine zur Beerdigung, vielleicht sind deine Eltern oder Freunde bei dir. Dann kannst du dich schon mal sicherer fühlen. – Eine Beerdigung ohne Tränen gibt es wohl nicht. Und wenn du selbst weinen musst – lass die Tränen raus. Niemand muss sich für seine Trauer schämen. Nimm für den Fall sicherheitshalber ein oder mehrere Taschentücher mit.

Nach dem Trauergottesdienst gehen die Anwesenden meist hinter dem Sarg zu dem Grab (wenn es eine Erdbestattung ist). Dann sagt vielleicht noch jemand kurz etwas, danach wird der Sarg in die Erde gelassen. Oft treten die Trauergäste dann einzeln an das offene Grab und werfen eine kleine Schaufel voll Erde oder Blumen auf den Sarg. Aber jede Trauerfeier ist anders und andere Religionsgemeinschaften haben sowieso andere Bräuche.

Wenn der verstorbene Mensch dir sehr nahe gestanden hat, kannst du außer der Teilnahme an der Beerdigung und der Eintragung in die Kondolenzliste auch noch den nächsten Verwandten einen Kondolenzbrief schreiben. Eine schlichte weiße Karte und ein paar ehrliche Anteil nehmende Worte reichen.

ERSTE-HILFE-TIPP

Was bringe ich ins Krankenhaus mit?

Am besten keine Blumen. Die Krankenhausnachttischchen sind zu klein für Blumenorgien und die Krankenschwestern hassen es, ständig Blumenvasen auftreiben zu müssen. Außerdem sind nicht wenige Patienten gegen Blütenstaub aller Art allergisch. Viel besser: Lesestoff (nur leichte Kost, keine Arztgeschichten!). Und der Oberhammer sind kleine Süßigkeiten gegen den Heißhunger (Ausnahme: Patienten mit Diabetes oder Magenleiden). Denn solche Hungerattacken kommen jedem, der nix Besseres zu tun hat, als im Bett zu liegen und gesund zu werden.

Team & Toleranz

Überleben in Schule und Beruf

Der Job gehört mir!

Wie du einen Ausbildungs- oder Arbeitsplatz bekommst. Und warum die Noten dabei gar nicht so wichtig sind

Irgendwann ist abzusehen, dass die Schulzeit sich dem Ende zuneigt. Auch für Florian (bald 16). Schon seit längerem diskutieren seine Eltern mit ihm, welche Ausbildung er anschließend machen soll. Florians Vater hat eine Schreinerwerkstatt und ihm wäre es am liebsten, wenn Florian eine Lehre in seinem Betrieb machen würde, um irgendwann später den Laden zu übernehmen. Das kann sich Florian aber überhaupt nicht vorstellen. Er interessiert sich mehr für Computer. Programmierer, denkt Florian, das wärs! Oder Spieleentwickler. Eigene PC-Spiele erfinden und auf den Markt bringen. Oder Systemadministrator – die ganze EDV eines größeren Betriebs überwachen und am Laufen halten. Auf jeden Fall was mit Computern, so viel steht für Florian fest, auch wenn sein Vater darüber nicht so begeistert ist.

So ist das manchmal: Die Eltern haben andere Vorstellungen von deiner beruflichen Zukunft als du selbst. Bei Florians Vater steckt natürlich der Wunsch dahinter, irgendwann einen Nachfolger für seine Schreinerei zu haben, wenn er mal in Rente geht. Und zwar möglichst einen Nachfolger aus der Familie, weil es ein Familienbetrieb bleiben soll. Meint er. Aber Florian interessiert sich nicht für die Schreinerei. Er ist ein

Computerfreak und möchte sein bisheriges Hobby zum Beruf machen.

Wenn auch du überlegst, was du nach der Schule machen sollst – hier ein paar heiße Tipps, wie du es vermeiden kannst, dein Leben lang frustriert zu sein, weil du den für dich falschen Beruf gewählt hast. Und auch ein paar Tipps, wie du dich bei der Suche nach einem Ausbildungsplatz oder Job am besten vorbereitest, damit du auch das kriegst, was du willst oder was dir vorschwebt.

Zu allererst: Schau mal in den Spiegel. Nein, nicht wörtlich. Betrachte dich mal innerlich und frage dich (aber wahrscheinlich weißt du das schon längst): Was sind deine Interessen, Begabungen und Fähigkeiten? Wobei könntest du dir vorstellen, diese Tätigkeit ein ganzes Arbeitsleben lang auszuführen, damit Geld zu verdienen – und dabei auch noch Spaß zu haben? Denn Spaß machen soll die Arbeit ja. Aber sie macht echt nur Spaß, wenn sie auf deine Interessen und Begabungen zugeschneidert ist. Diese Frage musst du für dich zunächst mal klären. Und wenn deine Eltern dich in eine andere Richtung schubsen oder dir eine Ausbildung aufschwatzen wollen, die dich die Bohne interessiert – es ist dein Leben und deine Zukunft, das musst du ihnen klar machen.

So, mal angenommen, du hast für dich das Ziel gefunden, das du anpeilen willst. Bleiben wir ruhig mal bei Florians Beispiel: Computertechnik. Setz dafür jetzt einfach das ein, was du für dich willst. Das Vorgehen, wie du deine Chancen erhöhst, diesen Ausbildungs- oder Arbeitsplatz zu bekommen, ist dasselbe. Zunächst: Informiere dich über die Firmen an deinem Ort, die in der für dich angestrebten Branche tätig sind (wälze das Telefonbuch oder Branchenverzeichnis, geh zum Arbeitsamt …). Finde heraus, wer ausbildet. Einfach anrufen, die Personalabteilung verlangen. So, und damit gehts schon los, wie du dich von anderen Interessenten abheben kannst. Denn der Ton macht die Musik. Es könnte ja sein, dass du gerade mit einer Firma telefonierst, die ausgerechnet DICH gut brauchen könnte und haben will! Devise also: Zeig dich von deiner besten Seite. Höflich, freundlich, aufmerksam, interessiert. Und wenn sie tatsächlich Stellen frei haben, frag, ob du deine Bewerbungsunterlagen schicken darfst. Nenn noch mal deinen Namen, vielleicht notiert ihn sich die Dame oder der Herr auf der anderen Seite der Leitung. Dann erinnert sie (oder er) sich daran, wenn deine Unterlagen dort eintrudeln.

Banges Warten. Ob sie sich melden? Oder alles wieder zurückschicken? Ja, die Warterei ist ätzend. Aber da musst du durch. – Irgendwann kommt dann, wenn du Glück hast, der ersehnte Anruf: »Wir möchten Sie gerne zu einem Vorstellungsgespräch einladen …« Yabadabadoooh! Erste Hürde genommen. Jetzt wirds ernst.

GOLDENE TIPPS

Das Vorstellungsgespräch

Versuche vor diesem Termin möglichst viel über diese

Firma herauszukriegen: zum Beispiel wie viele Mitarbeiter sie beschäftigt, ob sie noch irgendwo anders Niederlassungen hat (möglicherweise sogar im Ausland, wäre ja vielleicht für dich und deine spätere Karriere interessant) usw. So viele Informationen wie möglich sammeln, damit steigen deine Chancen im Vorstellungsgespräch.

Dann ist es so weit. Bist du nervös? Das wäre verständlich. Es ist zwar leichter gesagt als getan, aber je selbstbewusster und selbstsicherer du auftrittst, desto mehr Chancen hast du. Versuche ganz ruhig zu bleiben. So, und dann sitzt du dem oder den Menschen gegenüber, die sich für dich interessieren. Bis hierher hast du es ja schon mal geschafft, Gratulation! Die Leute von der Firma haben sich deine Unterlagen genau angeschaut. Du hattest etwas Bedenken, weil ein paar Zeugnisnoten nicht so ganz astrein waren. Das musst du jetzt durch dein Auftreten ausbügeln. Denn Noten sind nicht alles! Oft ist es für einen Arbeitgeber viel wichtiger, dass der neue Mitarbeiter oder die neue Mitarbeiterin (auch schon in der Ausbildung) menschlich ins Team passt. Welchen Eindruck du bei dem Vorstellungsgespräch hinterlässt – davon wird vielleicht abhängen, ob du den Job oder die Ausbildungsstelle bekommst.

Oberste Geheimregel – nein, so geheim ist sie gar nicht –: Immer freundlich und höflich sein, nicht an den Nägeln kauen (machst du sowieso nicht), nicht auf die Tischplatte, den Boden, an die Decke oder aus dem

Fenster schauen, während du mit deinem Gegenüber sprichst. Statt dessen diesen Menschen in die Augen schauen. Dann merken sie, dass du dich ernsthaft für diese Stelle interessierst.

Und weil du dich gut vorbereitet hast, kannst du ja mal einfließen lassen: »Ich habe gehört, Sie haben auch eine Filiale in Indonesien …?« (Muss natürlich stimmen.) Das macht Eindruck. Wenn dir etwas zu trinken angeboten wird, nimms an und bedanke dich. Und wenn du bei der Begrüßung aufgepasst hast, wie die Damen und Herren heißen, sprich sie während eurer Unterhaltung mit Namen an. Auch damit erhöhst du deine Chancen. Denn dann merken sie: Hoppla, der oder die ist aufmerksam gewesen und hat sich sogar unsere Namen gemerkt. Das tut denen gut – und dir dann hoffentlich auch, wenn du es mit diesen Tipps geschafft hast, die Stelle zu kriegen. Am Schluss verabschiedest du dich freundlich, bedankst dich für das nette Gespräch und fragst, bis wann du mit einer Entscheidung rechnen kannst. Und nach dem Auftritt stehen deine Chancen wirklich gut.

FLOP ▾

>> Am allerschlimmsten: Unpünktlich kommen! Dann kannst du gleich wieder gehen.

>> Gleich zu Beginn nach Gehalt, Urlaub und Vergünstigungen fragen – das ist ein klassisches K.o.

>> Vor lauter Aufregung keinen Ton rausbringen.

>> Vor lauter Aufregung quasseln wie ein Wasserfall.

- Kaugummi kauen – das ist fast so schlimm wie in der Nase bohren.
- Die Augen im ganzen Raum herumwandern lassen oder die eigenen Fingernägel begutachten, wenn dein Gegenüber spricht.

TOP ▲

- Vorher Fragen formulieren, die du im Vorstellungsgespräch stellen willst – und die zeigen, dass du dich über die Firma informiert hast.
- Für schlechte Zeugnisnoten eine plausible Erklärung haben.
- Deinen Gesprächspartner mit Fragen zum Reden bringen. Je mehr dein Gegenüber selbst redet, desto angenehmer hat er dich am Ende als Gesprächspartner in Erinnerung.
- Den Namen deines Gesprächspartners merken und dann auch in der Anrede benutzen.
- Am Ende des Gespräches: Danke sagen für die Zeit, die sich dein Gesprächspartner genommen hat.
- Sich nicht auftakeln, aber auch nicht zu schrill anziehen – am besten so, wie die anderen Beschäftigten gekleidet sind – zur Not mal vorher schauen gehen.
- 5 bis 10 Minuten vor dem Termin ankommen – im Büro, nicht vor dem Eingang zum Betriebsgelände.

Tag, ich bin der Neue

Der erste Tag in der neuen Schule, Klasse, Firma

Rainer Nickel setzt seinen Sohn Matthias (13) pünktlich morgens um kurz vor neun am Gymnasium ab. Heute ist der erste Schultag nach den Sommerferien. Und für Matthias ist es der erste Tag in dieser Schule, denn er und seine Familie sind neu in die Stadt gezogen. So ganz wohl ist es Matthias nicht, als er das Sekretariat sucht. Und alle scheinen ihn anzustarren. Endlich steht er vor dem Büro der Schulleitung, klopft vorsichtig an und geht rein. »Jetzt nicht!«, faucht ihn eine dicke Frau an, die gleichzeitig mit zwei Telefonhörern jongliert. »Komm in der großen Pause wieder!« – »Ja, aber …« – »Später!« Matthias schluckt und schließt die Tür wieder. Was jetzt?

Der erste Tag in der neuen Schule oder Firma ist immer schwer – aber der Start muss nicht immer so schief laufen wie bei Matthias. Dennoch: So ein erster Tag ist sehr wichtig, denn da entscheidet sich schon in den ersten Stunden, vielleicht sogar Minuten, welchen Eindruck du hinterlässt.

Sprechen wir zuerst mal über die Schule. Wenn du neu in eine Schule und Klasse kommst, wird es wahrscheinlich so sein, dass der Lehrer oder die Lehrerin dich den Mitschülern vorstellt. Du bist noch unsicher, schaust dich in der Klasse um – alles fremde Gesichter.

Du denkst: Ob ich hier Freunde finde? Um Freunde zu finden, müssen die anderen dich erst mal kennen lernen. Und kennen lernen können sie dich nur, wenn du den Mund aufmachst. Ja, so einfach ist das. Es wäre also nicht schlecht, wenn du dich gleich von Anfang an am Unterricht beteiligst, dich ab und zu meldest. Dann hören die anderen deine Stimme – und wenn du keinen Blödsinn redest, werden viele denken: Ui, der/die Neue ist ja clever/sympathisch/cool/nicht auf den Kopf gefallen! Damit hast du die Chance, dass du in den Pausen sehr schnell Kontakte findest. Entweder indem du selbst jemanden ansprichst (z. B. »Und wo wohnst du? Fährst du auch mit dem Bus?«) oder indem du von anderen angesprochen wirst.

Erster Tag in der neuen Firma: Du hast natürlich frische Sachen angezogen, Haare gewaschen (vor dem Sachen-Anziehen), Fingernägel gereinigt. Und du bist selbstverständlich pünktlich in der Firma, musst dich wahrscheinlich erst mal im Sekretariat melden. Von da wirst du entweder abgeholt oder die Sekretärin bringt dich in deine Abteilung. Wenn du einen umsichtigen Abteilungsleiter hast, wird er dich herumführen und dich den Kolleginnen und Kollegen vorstellen. Wenn er das nicht tut und dich einfach alleine am Schreibtisch/der Werkbank etc. lässt, solltest du selbst aktiv werden. Geh durch die Abteilung, begrüße die anderen mit Handschlag, stelle dich mit vollem Namen vor und schau ihnen dabei in die Augen. Vielleicht kriegst du sogar ein Lächeln hin – womit du zum Ausdruck bringst, dass du dich freust, jetzt Kollege oder Kollegin der anderen zu sein. Damit hast du zu Beginn deiner Tätigkeit schon Pluspunkte gesammelt und die anderen werden es leichter haben, auf dich zuzugehen. Und das wiederum dient einem guten Betriebsklima.

ÜBRIGENS …

… das sind die fünf Eigenschaften,

die die meisten Beschäftigten an einem neuen, jüngeren Kollegen schätzen:

» Höflichkeit

» Interesse

» Gutes Zuhören

» Hilfsbereitschaft

» Humor

Perfektes Teamwork

Gemeinsam ist nicht alles leichter

»Hey! Gib ab, jetzt gib doch ab, ich steh völlig frei!« Fußballspiel am Nachmittag. Markus fuchtelt mit den Armen. »Jetzt schieß schon hier rüber! Da kommst du doch nie alleine durch!« Aber Georg, der gerade im Ballbesitz ist, will es allen zeigen und dribbelt weiter in Richtung gegnerisches Tor. Markus ist mitgelaufen und bietet sich weiter auf der rechten Seite an, noch immer ungedeckt. Georg hat jetzt gleich vier Gegenspieler vor sich. Markus ruft noch mal: »Georg, gib ab! Die machen dich fertig!« Georg ist stur und stürmt den Gegnern entgegen. Die machen kurzen Prozess. Einer stellt sich Georg so in den Weg, dass er ausweichen muss. Dabei verliert er die Kontrolle über den Ball, sodass es für den anderen Verteidiger ein Leichtes ist, ihm den Ball abzunehmen und zu kontern. »Du Idiot!«, schreit Markus Georg an, »das hast du jetzt davon. Blödmann!«

Einzelkämpfer oder Team? Das ist hier die Frage. Georg wollte sich beweisen, den Helden spielen; er meinte, es alleine gegen alle aufnehmen zu können. Dabei stand Markus als Rechtsaußen die ganze Zeit frei und hätte aus dieser Position einen tollen Torschuss abgeben können. Dumm gelaufen? Ja, wobei das »dumm« wörtlich zu nehmen ist. Denn Georg hat nur an sich und nicht die Mannschaft gedacht. Und schon hat er den Ball verloren. Selber schuld, kann man da nur sagen. Aber die Leidtragenden sind seine Mitspieler, die nun wieder dem Ball hinterherhecheln müssen.

Und so ist das im wirklichen Leben ja auch, egal ob in der Schule oder im Betrieb (oder in der Familie). Wenn es um eine gemeinsame Aufgabe geht, ist Teamwork angesagt. Nur mal ein Beispiel um klar zu machen, worum es geht: Das nächste Schulfest soll geplant werden. Da werden Arbeitsgruppen gebildet, um möglichst witzige, lustige und unterhaltsame Sachen vorzubereiten. Da trefft ihr euch dann und macht erst mal ein so genanntes »Brainstorming«. Heißt wörtlich übersetzt »Gehirnsturm«, ist aber nicht ganz so gefährlich gemeint – obwohl: Wenns stürmt, wird so einiges aufgewirbelt. Und so solls beim Brainstorming auch sein: Ideen aufwirbeln. Da hat der eine die eine Idee, der andere eine andere, dem Dritten fällt noch was viel Ausgeflippteres ein, der Vierte macht eine Kombination aus Vorschlag 1 und 3 und so weiter und so weiter. Der Vorteil am Teamwork ist nämlich, dass man sich (wie beim Fußballspiel, nur beim Brainstorming halt hirnmäßig) die Bälle zuspielen kann – und plötzlich ist ganz viel Phantasie in der Luft. Oder anders gesagt: Gemeinsam sind wir stärker als jeder Einzelne für sich alleine.

Ein anderer Vorteil des Teams: Weil die Menschen unterschiedlich sind, hat jeder auch unterschiedliche Stärken und Begabungen. Und das ist für das Team eine riesige Bereicherung. Um beim Beispiel Schulfest zu bleiben: Der eine ist zum Beispiel besonders handwerklich begabt, der oder die andere hat eine besonders schöne Schrift um Plakate zu malen, der Nächste kann mit Bällen jonglieren, wieder ein anderer ist gut im Organisieren. Und so greifen die Hände ineinander, bis am Schluss ein tolles Gemeinschaftsergebnis da ist.

Aber es läuft natürlich nicht immer alles so glatt. Jeder Mensch ist auch ein Einzeltier und da ist es normal, dass Konkurrenz entsteht. Das fängt schon in der Familie zwischen den Geschwistern an. Wehe, der Bruder oder die Schwester bekommt mal mehr als du! Da ärgerst du dich doch zu Tode und gehst auf den Kriegspfad, stimmts? Oder in der Schule, wenn die Streberin schon wieder vom Lehrer so gelobt wird – da denkst du: »Diese Zicke (die Streberin) ist ab sofort Luft für mich.« Und schon gibt es einen Konflikt, weil die Streberin natürlich nicht aus der Gemeinschaft ausgeschlossen sein möchte. Aber wie kann man Konflikte vermeiden? Regel Nummer eins: Sei tolerant und respektiere den anderen erst mal so, wie er/sie ist. Regel Nummer zwei: Wenn du einen Konflikt auf dem Kriegsschauplatz austrägst, sind meistens beide Beteiligten die Verlierer, weil gefühlsmäßig viele Scherben auf dem Schlachtfeld zurückbleiben. Die müssen dann erst mal zusammengekehrt und mühsam wieder gekittet werden. Ist oft nicht so einfach und kostet Anstrengung. Deshalb: Wenn du einen Konflikt am Horizont aufziehen siehst – tief durchatmen und überlegen, wie du die Keilerei vermeiden kannst.

Aber es gibt auch Leute, die dir gegenüber einfach fies sind, die dich vielleicht schikanieren, hänseln, vielleicht sogar beschimpfen. Das musst du dir nicht gefallen lassen – Konflikt in Sicht! Wie kannst du aber diesen Konflikt gewinnen? James Bond 007 kennst du ja. Der gewinnt immer. Nicht, weil er sich immer klug verhalten würde, sondern weil es im Drehbuch steht. Doch anders als dieser Hollywood-Held brauchst du nicht zu Fäusten, Pistolen oder Raketenwerfern zu greifen, um als Sieger aus einem Konflikt hervorzugehen. Und ein Sieger oder eine Siegerin wärst du, wenn dein hänselndes oder schimpfendes Gegenüber dich wieder mit Respekt behandelt. Und das kannst du erreichen, indem du NICHT mit den gleichen Waffen zurückschlägst, sondern versuchst, ihm oder ihr mit Worten klar zu machen, dass dich sein oder ihr Verhalten verletzt und dass dir viel wohler wäre, wenn Friede ist. Einfach miteinander reden. Teamwork im Kleinen.

Bei Konflikten gibt es meistens Gewinner und Verlierer. Und wenn du mal ein Verlierer bist? Wie reagierst du dann? Stockbeleidigt, schlägst um dich, rastest aus? Na, na. Das muss doch nicht sein. Wenn Alexander beim Weitsprung schon wieder einen ganzen Meter weiter als du geschafft hat – gönne es ihm und denk dir: Dafür habe ich andere Stärken. Ich kann zum Beispiel Klavier spielen, das kann der Alexander nicht.

– Oder wenn Susanne im Kunstunterricht so tolle Zeichnungen mit Tieren macht und du nur Krickelkrakel – denk dir: Dafür bin ich besser in Englisch (oder sonst was). Sei einfach stolz auf dich dort, wo deine Stärken sind. Dann bist du auch nicht wirklich Verlierer in Kunst, Sport oder sonst wo. Und du zeigst Stil und Respekt den anderen gegenüber.

DER TEST
Bist du ein Team-Mensch?

Wenn du die meisten dieser Sätze mit Ja abhaken kannst, hast du große Team-Fähigkeiten.

» Ich versuche zuzuhören, wenn jemand was sagt.
» Ich versuche seine Gedanken aufzunehmen, sie in meinem Kopf weiterzuspinnen und meinen kreativen Senf dazuzugeben.
» Ich versuche die Stärken der anderen zu respektieren.
» Völlig klar, dass man gemeinsam stärker ist als jeder für sich alleine.
» Meine Schwächen kenne ich. Aber ich bin nicht beleidigt, wenn ich mal der Verlierer bin.
» Wichtig beim Teamwork ist, dass am Schluss ein tolles Gemeinschaftsergebnis rauskommt, an dem jeder auf seine Weise mitgewirkt hat.

Volkssport Mobbing

Eine todernste Sache

Daniela (16) macht eine Lehre als Automobilkauffrau in einem Autohaus. Sie fing erst vor ein paar Wochen dort an. Aber schon bald merkte sie, dass irgendetwas nicht stimmt. Durch Zufall erfuhr sie, dass ein anderer Auszubildender über sie das Gerücht verbreitet hatte, sie sei lesbisch (was aber gar nicht stimmt). Daraufhin gingen einige Kollegen dazu über, sie wie Luft zu behandeln. Aber es kam noch schlimmer. Seit einigen Tagen findet Daniela morgens, wenn sie das Büro betritt, auf dem Bildschirm ihres Computers gelbe Post-it-Zettel, auf denen zum Beispiel steht: »Du Schlampe!« oder »Verpiss dich!« und noch andere üble Sachen. Das alles macht sie ziemlich fertig. Jeden Morgen, wenn sie sich auf den Weg zur Arbeit macht, fühlt sie nur Horror und hat Angst vor dem Tag. Sie überlegt schon, die Lehre dort wieder abzubrechen – bevor sie ernsthaft krank wird.

Mobbing (kommt aus dem Englischen; to mob = anpöbeln) ist leider ziemlich verbreitet. Es fängt meistens damit an, dass hinter dem Rücken des Kollegen oder Mitschülers unwahre Dinge verbreitet werden, und zwar so, dass derjenige es garantiert mitbekommt. Eine andere Form des Mobbings sind Missachtung und eisiges Schweigen. Oder bei Daniela die gelben Zettel mit den anonymen Beschimpfungen. Und bei all dem ist das Ziel der Mobber, den betroffenen Kollegen oder die Kollegin rauszuekeln. Das kann, wenn es zum Dauerzustand wird, schlimme Folgen für diesen Menschen haben: Angstzustände, Kopfschmerzen, Schlafstörungen, Herz- und Kreislaufbeschwerden, Depressionen, Magengeschwüre.

Wenn du selbst Opfer einer Mobbing-Kampagne geworden bist, hier ein paar Tipps, wie du dich dagegen wehren kannst.

Versuche möglichst früh, das Gespräch mit denen zu suchen, die etwas gegen dich haben. Sprich sie an und frage, WAS sie gegen dich haben. Wer weiß, vielleicht ist alles nur ein Missverständnis … Wenn die Kampagne schon so heftig ist, dass du den Eindruck hast, ein solches Gespräch würde nichts bringen, dann suche dir eine Vertrauensperson. Manchmal kann eine dritte Person als Vermittler etwas ausrichten.

Mobbing ist also ein ganz klarer Verstoß gegen die Regeln des guten und kollegialen Miteinanders. Respekt wird beim Mobbing mit Füßen getreten und das darf nicht sein. Aber was machst du, wenn du beobachtest und mitbekommst, wie andere gegen jemanden mobben? Machst du mit? Oder hältst du dich raus nach dem Motto »Geht mich nichts an«? Wenn du dich raushältst, bedeutet das, dass dir der Gemobbte gleichgültig ist. Damit trägst du, ohne es bewusst zu wollen, ebenfalls zur Isolierung des Betroffenen bei. Oder stellst du die Mobber zur Rede und sagst ihnen, was sie da für ein übles Spiel treiben und dass sie das bleiben lassen sollen? Damit würdest du dich auf die Seite des Gemobbten stellen und das wäre eine ganz tolle Verhaltensweise von dir. Vielleicht schaffst du es ja, noch andere zu gewinnen, die genauso denken und handeln. Du wirst sehen, wie schnell die Mobber dann mit ihrer Kampagne aufhören!

ÜBRIGENS ...

... Der Tod einer jeden Mobbing-Kampagne ist schonungslose Offenheit: »Los, Herby, jetzt erkläre Manuela mal, warum du allen erzählst, sie wäre eine arrogante Zicke.« Mehr als drei solche Konfrontationen braucht es NIE, um den Obermobbern die Suppe zu versalzen!

Wer ist hier der Boss?

Vom Umgang mit Lehrern und anderen Chefs

Kuschen, schleimen, kriechen?

Wie man mit »Respektspersonen« umgeht

Max (13) ist mit dem Fahrrad auf dem Nachhauseweg. Er ist ziemlich wütend, weil sein Lehrer ihn in der letzten Stunde so blöd angemacht hat: »Max, jetzt lümmle dich nicht so auf deinem Stuhl. Setz dich gerade hin. Das kannst du doch, oder?« Immer dieser Lehrer. Nie kann er einen in Ruhe lassen. Das geht den doch gar nichts an, wie ich auf meinem Stuhl sitze. Solange ich nicht schlafe und schnarche. An einer Kreuzung muss Max anhalten, weil die Ampel rot ist. Neben ihm steht eine Streifenpolizistin. Die schaut auf sein Fahrrad und sagt zu ihm: »Hast du kein Licht am Fahrrad?« Max muss sich schon wieder ärgern. Ja, das Licht vorne war ihm mal kaputtgegangen. Aber was geht das diese Tussi an? »Wieso?«, sagt er ärgerlich, »die Sonne scheint doch, da brauche ich kein Licht.« – »Und abends, wenn es dunkel ist?«, fragt die Polizistin. »Da schlafe ich und fahre nicht Fahrrad.« Die Ampel schaltet auf Grün und Max saust davon. Nur weg von diesen Erwachsenen, die einem immer Vorschriften machen wollen!

So etwas wie Max' Ärger kennst du sicher auch. Immer gibt es jemanden, der dir sagen will, wos langgeht. Lehrer, Vorgesetzte, Türsteher, Polizisten … Die nennen sich dann auch noch Respektspersonen. Ich will mein Leben so leben, wie ich es will, denkst du, mir soll keiner reinreden. Tja, wenn das so einfach wäre! Diese Respektspersonen gibt es nun mal und die sitzen am längeren Hebel, wenn du es auf einen Konflikt anlegst. Das ist leider so. Aber du kannst unnötigen Stress vermeiden, wenn du ein paar hilfreiche Tipps beherzigst.

Versuche mal in einer ruhigen Minute, dich in die Aufgaben dieser ungeliebten Respektspersonen hineinzudenken. Also, der Lehrer oder die Lehrerin hat die Aufgabe, euch was beizubringen und auch dafür zu sorgen, dass während des Unterrichts kein Chaos ausbricht. Dafür hat er studiert, das ist sein Beruf, damit verdient er sein Geld. Und solange du diese Schule besuchst, wirst du mit ihm zu tun haben. Sag dir einfach: Augen zu und durch! Nein, nicht die Augen wirklich zumachen. Sondern dich arrangieren und zusehen, dass du einigermaßen mit ihm klarkommst. Das hat nichts mit Schleimen zu tun, es geht nur um einen respektvollen Umgang miteinander. Der sollte aber auf Gegenseitigkeit beruhen.

Dasselbe gilt im Betrieb zwischen Angestellten und Vorgesetzten. Der Vorgesetzte hat dafür zu sorgen, dass der Betrieb oder die Abteilung funktioniert. Und dazu muss er nun mal ab und zu Anweisungen geben, denn er hat den Überblick (wenn er gut ist). Und wenn er nicht gerade ein wirklicher Kotzbrocken ist – solche gibts leider auch –, dann wird er dich freundlich, höflich und mit Respekt behandeln. Und dasselbe erwartet er dann auch von dir.

Und die Polizei, dein Freund und Helfer?! Die ist dazu da, Verbrecher zu jagen, für die Einhaltung der Gesetze zu sorgen – und manchmal auch nur den Verkehr zu regeln, wenn die Ampel ausgefallen ist. Stell dir mal vor, es gäbe keine Polizei! Hilfe! Dann wäre Chaos auf Erden. Und doch neigen Teenager dazu, mit den grünen Männchen eher unangenehme Erfahrungen zu machen. Schließlich ist eine Horde herumlungernder Mofafahrer immer eine potenzielle Mafiagang. Für den Fall also, dass du mal solchen Herren (oder Damen) gegenüberstehst, hier ein paar Verhaltenstipps:

Lauf nicht weg, werde nicht unverschämt oder beleidigend. Du musst nicht den Kriecher spielen, aber Provokationen bringen dich höchstens aufs nächste Revier. Zeige deine Papiere, wenn du dazu aufgefordert wirst. Wirst du allerdings schikaniert oder ungerecht behandelt, dann brauchst du nicht zu kuschen. Verlange die Ausweise der Beamten, um dir ihre Namen zu notieren, oder verlange ihre Dienstnummer. Am besten notierst du dir gleich auch die Namen von Zeugen, wenn welche da sind. So kannst du dich später offiziell beschweren. Im alltäglichen Umgang auf der Straße sind die Polizisten aber im Allgemeinen freundlich und höflich – und sie erwarten das auch von ihren Mitmenschen. Wenn du diese Regel kapiert hast, wirst du auch keine unnötigen Probleme bekommen.

FLOP ▾

- Einer Respektsperson eine »Nase« zeigen oder die Zunge rausstrecken.
- Den Stinkefinger zeigen.
- »Leck mich ...« rufen oder anderswie beleidigend werden.

TOP ▴

- Freundlich und höflich sein ohne zu schleimen.
- Sich für eine Gefälligkeit bedanken.
- Wenn du dich ungerecht behandelt fühlst – sag es.
- Den Geburtstag des Lehrers/Vorgesetzten nicht vergessen und gratulieren.

Uups, schon so spät?

Was Pünktlichkeit mit Höflichkeit zu tun hat

Cornelia (14) ist mit ihrer Freundin Susi (14) zum Schwimmen im Freibad verabredet. Sie haben ausgemacht, sich nachmittags um halb vier vor dem Eingang zu treffen. Cornelia ist pünktlich und setzt sich auf ein Mäuerchen. Heute ist es ziemlich heiß und die Leute strömen nur so ins Schwimmbad, um sich eine erfrischende Abkühlung zu holen. Cornelia wischt sich den Schweiß von der Stirn. Wo bleibt denn Susi? Jetzt ist es schon zehn nach halb. Ich will endlich ins Wasser, denkt Cornelia. Um fünf vor vier taucht Susi endlich auf. »Ich hab auf dem Weg hierher die Uschi getroffen«, sagt sie, »wir haben uns völlig verquatscht …«

Cornelia war ziemlich sauer, dass sie bei der Hitze fast eine halbe Stunde auf Susi warten musste und noch nicht ins Wasser konnte. Wenn sie alleine ins Schwimmbad reingegangen wäre, hätten die beiden sich wahrscheinlich später auf diesem großen Gelände nicht gefunden. Also wartete sie brav in der brütenden Hitze. Oder war das Dummheit? Und Susi dachte sich wahrscheinlich nichts dabei. Hat sich noch nicht mal entschuldigt.

Dabei ist Pünktlichkeit keine Schikane, sondern schlicht Respekt gegenüber den Mitmenschen. Um beim Beispiel der beiden Freundinnen Cornelia und

Susi zu bleiben: Susi trifft also auf dem Weg ins Schwimmbad zufällig Uschi. Die beiden haben sich bestimmt viel zu erzählen, weil sie sich länger nicht gesehen haben. Wenn jetzt Susi folgenden Gedanken in der Birne gehabt hätte: Oh, die Cornelia ist sicher pünktlich, ich kann mich jetzt nicht aufhalten lassen, sonst muss sie in der Hitze warten – dann hätte sie zu Uschi gesagt: »Du, ich bin verabredet und will Cornelia nicht warten lassen. Können wir uns mal wieder treffen? Ich ruf dich an.« Dann hätte sie innerlich auf Cornelia Rücksicht genommen und gleichzeitig Zuverlässigkeit gezeigt. So aber war es ihr egal. Du kannst sicher sein: Wenn so etwas in einer Freundschaft öfter passiert, geht die ganz schnell den Bach runter. Denn Pünktlichkeit und Zuverlässigkeit haben auch etwas mit Vertrauen zu tun.

Das gilt natürlich auch in anderen Bereichen. Stell dir vor, du kommst zum Klavierunterricht in die Musikschule. Du bist pünktlich und gehst in das Zimmer, in dem der Unterricht immer stattfindet. Deine Klavierlehrerin ist noch nicht da. Du wartest, packst schon mal deine Noten aus. Die Zeit vergeht. Irgendwann kommt die Klavierlehrerin – eine halbe Stunde zu spät und die Klavierstunde dauert nur 45 Minuten, danach kommt der nächste Schüler. Die Klavierlehrerin sagt: »Heute wirds ein bisschen kürzer, ich war noch einkaufen …« Das wäre doch der Hammer, oder? Immerhin bezahlen deine Eltern für deinen Klavierunterricht, du kommst immer pünktlich und nimmst das tägliche Üben auf dich. Dann muss er auch pünktlich beginnen. Stattdessen geht die Frau einkaufen. Nein, so nicht, Gnädigste!

Verabredungen, Abmachungen, Termine. So schwierig es vielleicht manchmal sein mag, sie einzuhalten – du solltest es auf jeden Fall versuchen. Denn nur so erhältst oder gewinnst du das Vertrauen der Personen, mit denen du es zu tun hast oder zu tun haben möchtest. Und nur so können dann auch neue Freundschaften entstehen.

ERSTE-HILFE-TIPP

Wenn es doch mal zu spät wird

Wenn wirklich mal etwas Unvorhergesehenes dazwischenkommt, rufe zu Hause an, damit sich deine Eltern keine Sorgen machen. – Und dasselbe gilt, wenn auf dem Weg zur Schule oder zur Arbeit was passiert (Fahrrad hat einen Platten, dem Busfahrer ist schlecht geworden, ein Erdbeben auf der Königsberger Landstraße …). Dann versuche anzurufen und Bescheid zu sagen. Und bei privaten Verabredungen ebenso. Du und deine Freunde, ihr seid ja sicher Handy-Besitzer …

Setzen, minus!

Vom Umgang mit Lehrern

Boris (13) ärgert sich. In der vorletzten Stunde hat die Klasse die Mathe-Aufgabe zurückbekommen. Und da hat er beim Vergleich mit seinem Nachbarn Kurti (13) festgestellt, dass Lehrer Lampe denselben Fehler, den beide gemacht hatten, unterschiedlich bewertet hat: bei ihm mit einem Punkt Abzug und beim Kurti nur mit einem halben. So was Ungerechtes! Und jetzt sitzt Boris im Englischunterricht und ärgert sich schon wieder. Hört das denn heute gar nicht auf?! Denn Frau Lehrerin Moneypenny hat ihn jetzt schon zum dritten Mal ermahnt, dass er nicht so viel schwätzen soll. Und dabei schwätzen die da hinten mindestens genauso viel wie ich, denkt Boris. Und die hat sie noch kein einziges Mal ermahnt. So was Ungerechtes! Was sind denn das für Lehrer? Mir reichts für heute. Wie gut, dass das die letzte Stunde ist. Und dann nix wie ab nach Hause.

Lehrer! Das ist die Sorte von Menschen, die zu kleinen oder größeren Ärger- und Frusterlebnissen oder versetzungsgefährdenden Großkatastrophen beitragen. Manche glauben wirklich, dass sie es immer gut mit dir meinen, dich auf das spätere Leben bestens vorbereiten und immer gerecht sind. Aber da kann schon mal was danebengehen, denn auch Lehrer und Lehrerinnen sind nur Menschen. Auch die haben ihre Launen und Macken, Sorgen und seelische Wehwehchen.

Fangen wir mal mit den kleinen Missgeschicken an, die ja noch nicht so tragisch sind (und wahrscheinlich in der Klasse erst mal für einen Lacher sorgen): Miss Moneypenny kommt ins Klassenzimmer und hat Krümel vom Kuchen am Mund, den sie in der großen Pause gegessen hat. Oder Lehrer Lampe hat vergessen, sich den Reißverschluss an der Hose zuzumachen, als er in der Pause auf dem Klo war. Aber ihn deshalb auslachen? Ist doch auch nur ein Mensch. Ganz cool wäre es, ihn völlig ohne Schadenfreude darauf hinzuweisen. Und wenn du das wirklich ohne Triumphgeheule machst, sondern einfach so zwischenmenschlich, dann hast du einen Punkt für dich ergattert. Oder Miss Moneypenny mit den Krümeln: Falls du gerade eine Serviette oder ein Papiertaschentuch griffbereit hast, gib es ihr und sag ihr, warum. So was kommt verflixt gut an! (Und wenn du keine Serviette oder Papiertaschentuch in deiner Nähe hast, sags ihr auch ohne.)

Etwas ernster wird es natürlich, wenn du dich ungerecht behandelt fühlst. Also wie bei Boris mit der ungleichen Bewertung oder dem Schwätzen. Tipp: Versuche zunächst herauszufinden, ob es Absicht oder ein Versehen von Lampe oder Moneypenny war. Dazu musst du sie natürlich ansprechen. Wenn Lampe sagt: »Uups, das tut mir Leid. Selber Fehler – selbe Bewertung, ist doch klar, ich korrigiere das«, dann bedanke dich. Höflichkeit muss sein, auch wenn ER derjenige war, der den Fehler gemacht hat. Aber dass er den Fehler einsieht, verdient Respekt. – Und zu Moneypenny könntest du sagen: »Irgendwie habe ich den Eindruck, dass Sie zu mir strenger sind als zu den anderen. Kann das sein?« Vielleicht bringt sie das zum Nachdenken und vielleicht hatte sie das selber noch gar nicht bemerkt und wollte das eigentlich gar nicht.

Und nun wirds noch einen Tick ernster. Es gibt (aber nur ganz wenige) Lehrer, die gegenüber Schülern ausfallend werden, spöttische Bemerkungen ablassen oder vielleicht erotische Anspielungen oder sogar irgendwelche eindeutigen Berührungen loswerden wollen. In diesem Fall gilt: Sofort »Stopp!« sagen. Denn das darf niemand. Und dagegen musst du dich sofort wehren, indem du sagst: »Wenn Sie das noch mal sagen oder machen, gehe ich zum Rektor (Direktor).« Und wenn das nach diesen deutlichen Worten nicht aufhört, solltest du zunächst deine Eltern ins Vertrauen ziehen, dann zum Rektor (Direktor) gehen – notfalls bis zur Schulbehörde, wenn Lampe (oder ein anderer) dich nicht in Ruhe lässt und dich nicht respektvoll behandelt.

ÜBRIGENS …

… so bereitest du deine Eltern am besten

auf mögliche versetzungstechnische Komplikationen vor:

» Von Ärger mit einem bestimmten Lehrer frühzeitig

berichten. Vielleicht können dir deine Eltern sogar helfen. Andernfalls fallen sie wenigstens nicht aus allen Wolken, wenn du in diesem Fach ungerechte Noten verpasst bekommst.

- Den Eltern schon lange vor dem Zeugnistag erklären, mit welchen Noten man rechnet – und warum.
- Die alten Zeugnisse von Papa und Mama finden. Da ist gewiss manch ein Lacher drin und am Zeugnistag könnt ihr ja mal vergleichen. Wetten, dass du dabei gar nicht sooo schlecht abschneiden wirst?

Fragen kostet nichts

Vom Umgang mit Vorgesetzten

Michael (16) ist Azubi/Lehrling in einer Großbäckerei. Mit seinem Chef ist er ziemlich zufrieden, manchmal findet er ihn sogar richtig toll, weil der zu seinen Mitarbeitern sehr fair ist und dafür sorgt, dass ein gutes Betriebsklima herrscht. Trotzdem hat Michael ein Problem: Weil er wahnsinnig schüchtern ist, hält er sich bei allen Diskussionen mit Fragen oder Meinungsäußerungen zurück. Dabei ist er aber gar nicht uninteressiert daran, wie und was da über die Betriebsabläufe diskutiert wird, im Gegenteil. Er ist absolut neugierig, wie das alles funktioniert. Aber er traut sich halt nicht sich einzumischen, weil er denkt: Ich bin ja ein Lehrling, die anderen haben viel mehr Erfahrung als ich. Und der Chef sowieso. Vielleicht lacht der mich aus, wenn ich eine dumme Frage stelle …

Michaels Problem ist sicher kein Einzelfall. Vielleicht befürchtest du auch manchmal, du könntest dich mit einer Frage an deinen Chef oder Vorgesetzten blamieren?

Wenn du relativ neu in einem Betrieb bist, wirst du am Anfang erst mal alles kennen lernen müssen: die einzelnen Betriebsabläufe, wie die Abteilungen zusammenarbeiten, welche Vernetzungen es da gibt, wie was ineinander greift, wer welche Funktionen und Befugnisse hat. Das dauert eine Weile, bis du einigermaßen den Überblick bekommen hast. Aber es lohnt sich, genau zu beobachten, alle Eindrücke aufzusaugen und sie zu einem Gesamtbild zusammenzufügen. Dann weißt du auch, wie jeder so drauf ist und wie die Machtstrukturen im Betrieb sind. Und auch, wer mit wem besonders gut kann und wo es vielleicht knirscht im Getriebe. Wenn du das gecheckt hast, kannst du dich darauf einstellen. Den launischen Abteilungsleiter wirst du dann sicher nicht um einen Urlaubstag für übernächste Woche bitten, wenn du merkst: Oh, heute hat er aber miese Laune. Da ist es cleverer, ein paar Stunden oder ein oder zwei Tage zu warten, bis du den Eindruck hast, dass er besser drauf ist.

Dir brennt eine Frage unter den Nägeln, die du deinem Chef stellen willst? Keine Bange, da brauchst du keine Scheu zu haben. Du machst ja deine Lehre oder sonstige Ausbildung um zu lernen. Und lernen kann man nur durch die Aufnahme von Informationen. Also: Schüchternheit gilt nicht. Fass dir ein Herz. Wenn der Chef ein Vorzimmer hat, melde dich dort bei der Sekretärin an und frage, ob es dem Chef gerade passt. Sie wird ihn dann entweder anrufen oder kurz zu ihm rübergehen – oder sie weiß, dass er im Moment nicht gestört werden will, dann musst du halt zu einem späteren Zeitpunkt wiederkommen. Wenn's aber passt und die Sekretärin dich telefonisch angemeldet hat, dann klopf an die Tür und warte, bis du ein »Herein« hörst. Logisch, dass du keine Zigarette zwischen den

Griffeln und keinen Kaugummi zwischen den Zähnen hast.

Nun bist du also im Allerheiligsten, dem Zimmer des Chefs. Warte zunächst, ob er dir anbietet, dich zu setzen. Wenn nicht, dann bleibst du vor seinem Schreibtisch stehen. So, und nun raus mit deinem Anliegen oder deiner Frage. Versuche dabei, innerlich möglichst ruhig zu bleiben. Er wird dir schon nicht den Kopf abreißen und dich auch nicht gleich wieder rausschmeißen. Und dann, ganz wichtig: Aufmerksam zuhören! Daraus kannst du Schlüsse ziehen und dein Chef merkt, dass es dir ernst ist mit deinem Anliegen und dass du ihn respektierst. Vielleicht hast du noch ein paar Nachfragen? Stelle sie.

ÜBRIGENS ...
... das sind die beiden Geheimwaffen im Umgang mit Vorgesetzten

Fragen und Zuhören.
Wer diese beiden Dinge beherrscht, der ist beliebt.

Die richtigen Worte

Kommunikation & Kontaktpflege

Hi, Ciao & Grüß Gott

Der erste Eindruck ist der wichtigste

Erster Schultag nach den Ferien. Alle haben schon im Klassenzimmer Platz genommen, nur die Lehrerin, Miss Moneypenny, ist noch nicht da. Doch, da kommt sie ja – und hat einen Neuen dabei. Aber wie sieht der denn aus?, denken die meisten. Grüne Haare, Nasenpiercing, zerschlissene Jeans … Moneypenny stellt den Neuen vor: »Das ist Olli; er gehört jetzt zu unserer Klasse. Olli, da hinten ist noch ein Platz frei neben Alexander. Du hast doch nichts dagegen, Alexander?« Doch der ist nicht so besonders begeistert, weil er, als dieser Olli mit Miss Moneypenny ins Klassenzimmer kam, gleich gedacht hat: O Schreck, ein Möchtegern-Punk! »Olli«, sagt Moneypenny, »möchtest du der Klasse noch was sagen?« Olli schaut ziemlich schräg aus der Wäsche – dann lässt er einen deftigen Rülpser ab und verzieht sich wortlos und schlurfend auf seinen Platz.

Es ist tatsächlich so: Innerhalb der ersten paar Sekunden macht man sich ein »Bild« von einer neuen Person, der man begegnet. Die Augen wandern an ihm oder ihr herunter – wie ist er oder sie gekleidet, welche Frisur, wie bewegt diese Person sich, was und wie redet sie? Olli hat gar nicht geredet – sondern nur gerülpst. Wahrscheinlich wollte er damit ausdrücken, dass er die Schule zum Kotzen findet und null Bock hat.

Dieses Image seiner Person wollte er offensichtlich verbreiten. Und es ist bei allen auch so angekommen.

Der erste Eindruck ist also entscheidend dafür, ob du bei anderen ankommst oder durchfällst. Dabei ist natürlich zunächst die Frage, WIE du ankommen willst: als Rüpel, als Aufschneider, als freche Rotznase, als Mauerblümchen – oder als gute/r Kumpel/Kumpeline, mit dem/der man Pferde stehlen kann (nicht wirklich natürlich, du weißt schon, was gemeint ist: ein Mensch, auf den man sich verlassen kann, der freundlich ist und mit dem sich eine Freundschaft lohnt).

Wenn Olli jetzt kein Möchtegern-Punk gewesen und nicht so null-bockig drauf gewesen wäre, sondern ganz normal, dann hätte er sich auf die Frage von Miss Moneypenny »Olli, willst du der Klasse noch was sagen?« mit ein paar wenigen Worten vorgestellt: »Hi, ich bin der Olli. Ich bin mit meinen Eltern während der Ferien aus einem anderen Stadtteil hierher gezogen. Ich hoffe, dass ich hier in der Klasse Freunde finde.« Wow, das hätte Stil gehabt! Und alle hätten gedacht: Der ist wirklich sympathisch.

Das mit dem Vorstellen ist so eine Sache. Sich selbst durch den äußeren Eindruck und durch Worte vorstellen – darüber haben wir gerade palavert. Und das trifft auf alle Situationen zu, in denen du auf neue Menschen triffst. Aber wie ist das mit dem Vorstellen anderer Personen? Mal angenommen, deine Mutter möchte mit Lehrer Lampe sprechen (sie kennt ihn noch nicht) und ihr geht zusammen hin. Dann solltest du die beiden einander vorstellen: »Herr Lampe, das ist meine Mutter. Mama, das ist Herr Lampe.« Und genauso ist es zum Beispiel, wenn du einen Neuen oder eine Neue in die Clique mitbringst. Stell ihn oder sie vor. Wenn ihr sehr viele in der Clique seid, dann können sich die anderen einzeln selbst vorstellen.

Und wie ist das mit dem Pfötchengeben? In der Clique werdet ihr euch wahrscheinlich nicht die Hände schütteln, wenn ihr euch trefft. Da gehts kumpelhaft zu. Aber ein paar Situationen gibt es, wo Händeschütteln zum guten Ton gehört. Mal angenommen, deine Eltern erwarten Gäste. Es klingelt. »Maximilian, kannst du mal aufmachen?«, ruft deine Mutter aus der Küche. Du öffnest die Haus- oder Wohnungstür und da stehen Herr und Frau Nadler, die deine Eltern für heute zum Essen eingeladen haben. Was machst du? Klar, du gehst einen Schritt auf sie zu, streckst ihnen deine Hand entgegen. (Das ist immer so: Der Gastgeber streckt die Hand aus um damit zu sagen: Herzlich willkommen!). Und dieses »Herzlich willkommen« kannst du dann auch noch wörtlich sagen, nachdem du dich vorgestellt hast: »Ich bin der Maximilian, meine Mama ist gerade noch in der Küche, kommen Sie doch rein. Und herzlich willkommen bei uns.«

ÜBRIGENS ...

Wusstest du,

welcher Körperteil für den ersten Eindruck am wichtigsten ist? Laut einer amerikanischen Studie aus dem

Jahr 1998 sind es nicht die Augen, auch nicht die Füße oder das Gesäß. Nein, es sind die HÄNDE. Sind die gepflegt und sauber, so wirkt das auf 83 % der Befragten positiv. Danach teilt es sich auf: Bei Männern ist der Eindruck des weiblichen Pos ebenfalls wichtig – wobei die Vorlieben da sehr unterschiedlich sind. Für die Frauen scheint die Frisur ähnlich bedeutend zu sein – mit ähnlicher Bandbreite. Auf jeden Fall dürfen sie eines nicht sein: Fettig und ungewaschen!

Smalltalk perfekt

Reden ist zur Hälfte Zuhören

Herr und Frau Nadler zu Gast bei Maximilians Familie: Die Erwachsenen unterhalten sich beim Essen über die neueste Raumfahrttechnik und ob der Mann im Mond schon in Rente ist. Maximilian sitzt dabei und versteht nur Bahnhof. So etwas mag er gar nicht: Wenn die Erwachsenen sich über Themen unterhalten, von denen er keinen blassen Schimmer hat. Da fühlt er sich isoliert und ausgeschlossen. Und dabei sind die Nadlers eigentlich ganz nette Leute. Aber können die denn nicht mal über etwas anderes reden, was mich vielleicht auch interessiert?, denkt Maximilian und kaut weiter an seinem Schnitzel und den Pommes. »Und die Sache mit den Marssonden ist ja wirklich so was von spannend«, sagt Maximilians Vater. »Ja, da haben Sie Recht«, meint Herr Nadler, »aber auch die Pläne für eine neue bemannte Mond-Mission sind nicht ohne …« – Meine Güte, denkt Maximilian, geht das hier ewig so weiter? Mann im Mond, Marsmännchen, galaktische Träume? Und wo bleibe ich an diesem Abend?

Tja, wenn Maximilian die Technik des Smalltalks beherrschen würde, dann hätte er nicht das Problem, sich ausgeschlossen zu fühlen. Denn dann würde er einfach von sich aus mal in das Gespräch der Erwachsenen eingreifen und zum Beispiel Herrn oder Frau Nadler fragen: »Haben Sie auch Kinder?« Wenn ja, dann die nächste Frage: »Und wie alt sind die? Wie heißen sie?« Und schon ist ein Thema auf dem Tisch, das du (wenn du Maximilian wärst) weiter verfolgen könntest. Wenn die Nadlers Leute sind, die du bereits kennst und von denen du weißt, dass sie Kinder haben, dann erkundige dich, wie es ihnen geht, was sie so machen, wohin die Familie nächsten Sommer in Urlaub fährt … Wenn die Nadlers keine Kinder haben, dann die nächste Frage. Zum Beispiel: »Und in welchem Stadtteil wohnen Sie?« Und dann fragst du, wie es da so aussieht, ob es da ein Schwimmbad oder einen Fußballplatz gibt und so weiter. Das nennt man Smalltalk. Und das kann man lernen.

Angenommen, du bist auf eine Party eingeladen und weißt, dass da eine ganze Menge Leute sein werden, die du noch nicht kennst. Das ist ja erst mal eine Situation, mit der du zurechtkommen musst. Du fragst dich schon vorher: Und worüber soll ich mich mit diesen Fremden unterhalten? Ganz einfach: Frag den Gastgeber vorher, wer da aller kommt und was für Hobbys die haben. Dann hast du schon einiges im Hinterkopf und kannst dann auf der Party auf diese Leute zugehen und sie gezielt ansprechen: »Hi, ich bin Maximilian. Ich hab gehört, dass du ganz toll Ferraris aus Streichhölzern bauen kannst. Is ja irre.« Oder: »Hi, ich bin die Kati. Die Moni hat mir erzählt, dass du zu Hause ein Aquarium mit ganz tollen bunten Fischen hast. Erzähl mal!« Und schon seid ihr im

Gespräch und du fühlst dich nicht mehr als Außenseiter.

Allerdings solltest du dann auch so fair sein, deinem Gegenüber aufmerksam zuzuhören, wenn er über seine Streichholz-Ferraris spricht oder sie von ihren Neonfischen schwärmt. Zuhören und interessierte Zwischenfragen stellen – damit öffnest du den Weg für einen weiteren, vielleicht längeren Kontakt, möglicherweise sogar für eine neue Freundschaft.

Andere Situationen, bei denen du einen Smalltalk anfangen könntest, wären zum Beispiel: An der Bushaltestelle siehst du einen Jungen/ein Mädchen mit einem Gipsbein. Du sprichst ihn oder sie an: »Uups, wie ist denn das passiert?« Und schon habt ihr einen Anknüpfungspunkt. – Oder du stehst an der Ampel neben einem Typen mit einem tollen Mountainbike (du willst selber eins haben). Dann frag ihn: »Hey, das ist ja geil. Was kostet so ein Gerät? Wo hast du das gekauft?« Und wieder ist ein Kontakt und ein Gespräch zustande gekommen. Vielleicht tauscht ihr ja dann sogar Adressen oder Telefonnummern aus …

Aus Smalltalk auf der Party oder sonst wo können sich dann auch ernsthaftere Themen entwickeln. Also nicht unbedingt die Wetterprognose für morgen, sondern vielleicht ein Austausch über den neuesten Kinofilm, den Abenteuerroman, der gerade angesagt ist, oder anderes. Faustregel: Initiative ergreifen, zuhören, die Fäden weiterspinnen.

ERSTE-HILFE-TIPP
Wenn das Gespräch stockt

Das passiert dem besten Smalltalker, dem perfektesten Gastgeber, der optimal geplanten Party: Plötzlich ist die Luft raus aus dem Gespräch. Alle schweigen und starren sich an. Alle sind peinlich berührt, aber niemand will sich blamieren. Jetzt sollte man wissen, wie man das Gequassel wieder ankurbelt. Was du jetzt NICHT tun solltest: Einen ausgelutschten Witz erzählen oder über das Wetter schimpfen, sondern etwas mit Witz und Esprit bringen: »Hey, wusstet ihr, woran die meisten Leute denken, wenn sie auf einer Party sind? Nein, nicht ans Buffet, sondern … hey, warum machen wir nicht selbst eine kurze Umfrage? Lisa, woran denkst du zum Beispiel gerade?«

Funktioniert IMMER.

Goddam' bloody bullshit

Auch Fluchen will gelernt sein

»So eine Scheiße! Verdammt noch mal!« Karsten (13) ärgert sich zu Tode. Seine kleine Schwester Melanie (8) ist aus Versehen auf sein Rennauto getreten und das ist jetzt Schrott. »Kannst du nicht aufpassen, du blöde Zimtzicke?!«, schreit er Melanie an, »jetzt schau dir mal meinen Porsche an!« – »Ich bin keine Zimtzicke!«, schreit Melanie zurück, »und außerdem bist du ein Hornochse, wenn du deine Autos mitten im Flur rumstehen lässt!« Das mit dem Hornochsen will Karsten aber nicht auf sich sitzen lassen. »Und weißt du, was DU bist? Eine widerliche kleine Göre, ein richtiges Arschloch, das zum Himmel stinkt! So eine Sauerei! Dir hat man wohl ins Hirn geschissen und vergessen umzurühren! Das Auto zahlst du mir!« – »Selber Arschloch, dreimal Arschloch!«

Klar, dass Karsten sich ärgert. Das würde jeder von uns. Immerhin war das ein für ihn wertvoller Porsche, den er zum letzten Geburtstag bekommen hatte. Und jetzt ist er Schrott, nur weil Melanie nicht aufgepasst hat. Zu dumm. Aber deshalb gleich so ausrasten, losfluchen und die kleine Schwester mit bösen Schimpfwörtern überhäufen? Verständlich, dass die sich das nicht gefallen lässt und zurückflucht.

Es gibt tatsächlich Momente, in denen man sich so

sehr ärgert und wütend ist, dass einem der Kragen platzt. Und dann rutschen vielleicht schon mal unbedachte Beleidigungen raus. Das Problem ist nur, dass daraus schnell eine ganz unschöne Situation entstehen kann, denn der oder die Beschimpfte wird das nicht einfach runterschlucken, sondern sich wehren. Und dann kann sich das hochschaukeln, bis man irgendwann vor lauter gegenseitiger Wut mit den Fäusten aufeinander losgeht. So was kann man vermeiden.

Wenn dir also irgendetwas widerfährt, worüber du dich so maßlos ärgerst, dass du am liebsten die Wände hochgehen oder die Gardine runterreißen würdest – versuch erst mal tief durchzuatmen und nicht gleich den Verursacher deines Ärgers mit Flüchen, Ausdrücken und Schimpfwörtern zuzuschütten. Dass du dich ärgerst – ja, das sollst du ihm ruhig sagen. Und wenn er sich danebenbenommen oder dir irgendwas Fieses angetan hat, sollte er sich auch entschuldigen. Melanie hatte den Porsche ja nicht absichtlich ins Jenseits befördert, sondern aus Versehen. Und so ganz unschuldig an diesem Malheur war Karsten ja auch nicht, weil er den Porsche mitten im Flur geparkt hatte.

Flüche und Ausdrücke hören sich nicht so gut an im Ohr, oder? Du würdest es doch sicher auch nicht als Seelenbalsam empfinden, wenn DICH jemand mit irgendwelchen Schimpfwörtern zupflastert. Niemand lässt sich gerne beleidigen. Aber das heißt natürlich nicht, dass du dir Ungerechtigkeiten gefallen lassen musst. Es geht nur darum, wie man mit solchen Konflikten umgeht, ohne sein Gegenüber menschlich zu verletzen. Und jemanden ein Schimpfwort an den Kopf zu werfen ist eine Verletzung. Lieber die Angelegenheit möglichst ruhig klären, wobei du deinen Ärger und deine Wut natürlich äußern solltest – aber nicht mit Schimpfwörtern, sondern indem du zum Beispiel sagst: »Weißt du, das hat mich jetzt wahnsinnig geärgert, dass du …« So wie du Respekt von anderen dir gegenüber erwartest – zu Recht! –, so könntest du versuchen, in einer Konfliktsituation trotzdem auch respektvoll mit dem »Übeltäter« umzugehen, ohne mit Worten alles nur noch schlimmer zu machen.

Wenn du aber wirklich mal auf 180 bist und dich überhaupt nicht mehr beherrschen kannst und losfluchen und losschreien willst, dann machs für dich alleine. Geh in den Wald und schrei die Bäume an. Oder verzieh dich auf dein Zimmer oder sonst wo hin, wo keiner deine tollen Wortschöpfungen hört. Zugegeben: Manchmal tut es richtig gut, sich mit wütenden Worten Luft zu verschaffen. Aber die anderen müssens ja nicht unbedingt hören …

ÜBRIGENS ...

Wenn du einer von den Menschen bist, ...

... die ihren Frust einfach in Worten rauslassen müssen – dann ist das gut so. Besser fluchen als sich prügeln. Und mit einem kleinen Trick geht es auch viel besser: Denk dir für die heftigsten Schimpfwörter einfach Stellvertreter aus. Das funktioniert. Wenn du das nächste Mal einen unangenehmen Mitmenschen so richtig runtermachen willst, sag einfach: »Du … du … du … Pfefferminzbonbon« zu ihm. Und nur du weißt, was für ein Riesenar… der Typ ist. Das macht fast noch mehr Spaß, als ihn mit den passenden Begriffen zu titulieren.

Hallo, was macht dein Ex?

Von Themen, die keine Themen sind

Herr und Frau Nadler – und auch Maximilian und seine Eltern – sind beim Nachtisch angelangt: Pfirsichkompott mit Sahne. Noch immer dreht sich das Gespräch der Erwachsenen um Raketenabschussrampen, Marsroboter und Schwarze Löcher. Maximilian ist langsam ziemlich sauer, dass er überhaupt nicht wahrgenommen wird. Niemand spricht ihn an. Da kommt er auf die Idee, seinerseits jetzt mal was zu fragen: »Sagen Sie mal, Frau Nadler, und warum haben Sie keine Kinder? Mögen Sie Kinder nicht?« Frau Nadler hüstelt ein wenig und wird rot im Gesicht. Ihr ist diese Frage offensichtlich sehr unangenehm. Sie druckst herum: »Weißt du, manche Frauen können eben keine Kinder bekommen …« – »Ach, und Herr Nadler«, sagt Maximilian, »mein Papa hat erzählt, dass Sie arbeitslos sind. Wie lange denn schon?«

Es gibt Themen, von denen sollte man aus Rücksicht auf andere die Finger lassen. Dass Frau Nadler aus biologischen Gründen keine Kinder bekommen kann, tut ihr selbst am meisten weh. Wie gerne hätte sie Kinder! Aber es klappt nicht. Und wenn sie darauf angesprochen wird, gibt ihr das immer einen Stich ins Herz. Genauso geht es Herrn Nadler, wenn jemand ihn fragt, warum und wie lange er schon arbeitslos ist.

Denn dass er im Moment keinen Job hat, weil seine vorige Firma, in der er gearbeitet hatte, Pleite gemacht hat, ist für ihn keine besonders schöne Lage. Er versucht ja alles, um wieder eine neue Stelle zu finden. Aber er möchte nicht immer wieder darauf angesprochen werden, weil er sich sonst als Versager fühlt.

So gibt es Themen, die man aus Rücksicht auf die jeweiligen Gesprächsteilnehmer aussparen sollte. Wie geht es deinem Ex? Was machen Opas Hämorrhoiden? Die Kopfläuse deiner Schwester? Uff, nein, das sind Themen, die besser draußen bleiben. Oder wenn du gerade aus dem Religionsunterricht ausgetreten bist – servier das nicht brühwarm Tante Dorle, wenn gerade ihr neugeborener Säugling getauft wird.

Nehmen wir mal an, Herr Nadler wäre nicht arbeitslos, sondern ein reicher Unternehmer. Und er hätte eine superteure Villa mit allem Brimborium (Schwimmbad, Sauna, Bar, 4 Schlafzimmer, 3 Bäder, Billardraum und so weiter). Maximilian hat davon gehört. Und als die Nadlers zu Besuch sind, fragt er: »Stimmt das, Herr Nadler, dass Ihr Haus eine Million Euro gekostet hat? Oder mehr?« Na, ob Herr Nadler darüber wohl sprechen will? Sicher nicht. Geldthemen, also das, wie viel jeder im Portmonee oder auf der Bank hat, sind tabu. Das ist absolut privat und geht niemanden was an.

Auch eventuelle Krankheiten von Mitmenschen sollte man nicht zum Thema machen (außer, sie wollen selbst darüber reden und brauchen vielleicht einen

Rat). Denn die Krankheit an sich ist ja schon belastend genug. Da wird man nicht gerne daran erinnert, sondern will schauen, dass man sie möglichst schnell wieder los wird.

Insgesamt geht es also nur darum, Rücksicht zu nehmen und andere nicht in schwierige oder unangenehme Situationen zu bringen oder gar zu verletzen. Und solche heiklen Themen können auch ganz schnell zum Gesprächskiller werden. Da ist dann plötzlich Schweigen im Walde, alle blicken sich peinlich berührt an. Und dann?

Aber worüber sollen wir denn dann reden?, fragst du dich nun vielleicht. Ach, da gibts so viel (siehe auch das Kapitel »Smalltalk perfekt«). Hobbys sind immer ein Thema. Was ist in den nächsten Ferien geplant? Was läuft Interessantes im Kino? Was ist in den Musik-Charts angesagt? Lieblingsspeisen und Getränke? Und über Miss Moneypenny oder Meister Lampe dürft ihr euch ja auch ein bisschen ausheulen.

ÜBRIGENS …

Folgende Themen führen bei Einladungen meist zielsicher in die Katastrophe:

- Krankheiten
- Finanzielles
- Beziehungsprobleme
- Politik
- Wer wird Fußballmeister?
- Wer fährt besser Auto – Frauen oder Männer?

Netiquette

Surfen mit Stil und Mailen mit Charakter

Sonja (15) hat seit kurzem einen eigenen Computer mit Internet-Anschluss. Endlich! Den hatte sie sich schon lange gewünscht. Jetzt kann sie mit all ihren Freundinnen und Bekannten E-Mails austauschen und durch die Welt surfen. Manchmal geht sie auch in Chats für Jugendliche. Was sie da allerdings letztens gelesen hat!
Erlkönig: »Also ich finde, der Taucher sollte erst mal seinen Hosenstall zumachen, bevor er hier was sagt.«
Taucher: »Mein Hosenstall ist immer zu, wenn ich nicht gerade pinkle. Und am PC pinkle ich nicht.«
Sonnenblume: »Aber du redest manchmal ziemlichen Schwachsinn. Das ist ähnlich wie pinkeln. Und stinkt genauso.«
Taucher: »Hä? Meine Pisse stinkt? Woher willst du das wissen?«
Erlkönig: »Na, das riecht man doch bis hierher.«
Taucher: »So ein Quatsch. Ihr seid alle blöd. Ich geh wieder. Ciao.«

So etwas passiert leider im Internet. Beleidigungen, Demütigungen, Beschimpfungen … Es ist ja auch verführerisch, sich anonym unter falschem Namen melden zu können. Niemand wird nachverfolgen können, wer du wirklich bist. Trotzdem: Auch im Internet sollten die Benimm-Regeln eingehalten werden, die auch im richtigen Leben gelten: Anstand, Höflichkeit, Freundlichkeit, Respekt. Das nennt man Netiquette – eine Wortkombination aus dem englischen »net« (Netz) und »Etikette«.

Das mit der Anonymität im Chat kann aber auch problematisch werden. Zum Beispiel wenn du ein Junge bist und dich als Mädchen ausgibst oder umgekehrt. Dann haben die anderen von dir ein völlig anderes Bild und erzählen dir vielleicht Sachen, die sie dir nicht erzählen würden, wenn sie wüssten, dass du eben kein Junge oder kein Mädchen bist. Von so einem falschen Rollenspiel sollte man die Finger lassen.

Eine E-Mail ist schnell geschrieben – und kann ebenso schnell missverstanden werden. Deshalb: Schreibe nie eine Mail bei Gefühlsausbrüchen – und lies sie noch mal durch, bevor du sie versendest. Vermeide ironische Bemerkungen, denn die können beim Empfänger verletzend wirken. Bleib kurz und sachlich. In der Betreffzeile schreibst du, worum es in der Mail geht. Und wenn du auf eine andere Mail antwortest, wäre es angebracht, nicht den ganzen ursprünglichen Text stehen zu lassen, sondern nur die Zeilen, auf die du etwas antworten willst.

Weil man nicht ellenlang seine Gefühle per E-Mail erklären kann (oder will), wurden die Smileys erfunden. Das sind Abkürzungen, bei denen man dann zum Beispiel weiß: Aha, jetzt lacht er oder sie. Oder jetzt grinst er … Hier sind die wichtigsten Smileys und ihre Bedeutung:

ÜBRIGENS …
Smileys

heißen die kleinen Zeichenbilder, die mit wenig Aufwand große Gefühle ausdrücken können. Hier die wichtigsten:

:) Lachen, positiv
;-) Zwinkern
:(negativ, traurig
:-o Überraschung
:-* Küsschen
I-O Langeweile

Handymania

Handys sind cool. Aber nicht alle Handybesitzer.

Clarissa (14) ist mit ihrer Freundin Moni (14) auf einer Party. Die Stimmung ist glänzend, es wird viel gelacht und Blödsinn gemacht. »Und wisst ihr noch, wie Lehrer Lampe diesen Niesanfall hatte?!«, ruft Clarissa in die Runde. »Ja, das war oberlustig«, sagt Moni und alle lachen sich kaputt. Da klingelt Monis Handy. »Moment«, sagt sie, »mein Handy …« Sie geht auf Empfang. Scheint irgendeine Bekannte zu sein. Moni hängt ganze 15 Minuten an dem Gerät. Als sie fertig ist, sagt sie: »So, jetzt bin ich wieder da.« Zwei Minuten später klingelt ihr Handy schon wieder. Und wieder taucht Moni ab. So geht das den ganzen Abend. Von der Party bekommt Moni kaum noch was mit. Und Clarissa ist sauer, weil sie sich mit ihrer besten Freundin gar nicht mehr unterhalten kann …

Handys sind eine tolle Sache: Unabhängig vom Festnetz von überall her telefonieren und angerufen werden. Und per SMS kommunizieren. Eine super Erfindung. Aber auch bei der Handymania gibt es bestimmte Regeln, auf die man achten sollte, damit es für niemanden störend wird.

Dass Clarissa sauer war, ist nur zu verständlich. Denn wenn man mit Freundinnen zusammen auf einer Party ist, will man ja mit denen Spaß haben. Von Moni haben die anderen kaum etwas gehabt, weil die ständig am Handy hing. Da wäre es gegenüber den anderen fairer gewesen, sie hätte es während der Party ausgeschaltet – dazu ist ja die Mailbox da, dass man sich eventuelle Anrufe später anhört.

Beim Bewerbungsgespräch käme ein Handy-Piepsen sicher auch nicht so gut an. Denn dann könnte dein Gegenüber denken, dass du dich gar nicht wirklich ernsthaft auf das Gespräch konzentrieren willst, wenn du sogar in dieser Situation erreichbar sein willst. Also: vorher ausschalten. Es geht dir schon keine wichtige Nachricht verloren und du erweckst keinen falschen Eindruck.

Meister Lampe und Miss Moneypenny haben euch sicher gleich am Anfang gesagt, dass der Unterricht handyfreie Zone ist. Also nicht handyfrei in dem Sinne, dass ihr das Teil überhaupt nicht in die Schule mitbringen dürft, sondern dass es in der Schulstunde ausgeschaltet bleiben soll. Ist auch irgendwie sinnvoll, denn stell dir mal vor, jeder hätte sein Ding in Betrieb und alle würden ständig unter der Bank SMS in der Klasse rumschicken oder gar den Nachbarn oder die Nachbarin anrufen …

Verboten sind Handys in Krankenhäusern und Arztpraxen. Denn da stehen so viele hoch empfindliche elektronische Geräte rum, die könnten durch Handys gestört werden. Und das will ja keiner.

Nicht besonders passend wäre es auch, wenn zum Beispiel auf einer Beerdigung mitten in der Traueransprache ein lustiger Klingelton für Aufmerksamkeit sorgte. Im Theater, Konzert, Kino oder in der Kirche kommt das auch nicht so gut. Und wenn du später mal den Führerschein hast und ein eigenes Auto, dann gilt: Handy (als Fahrer) nur mit Freisprechanlage.

Manche Zeitgenossen haben die Angewohnheit, so was von laut in die Muschel zu brüllen, dass es den Leuten, die in der Nähe sind, das Trommelfell wegpustet. Das ist rücksichtslos – gelbe Karte! Wenn man schon im Bus telefonieren muss oder einen Anruf erhält – falls Handybetrieb im Bus nicht sowieso verboten ist –, dann möglichst so, dass niemand sich gestört oder belästigt fühlt. Außerdem muss das doch nicht der ganze Bus wissen, dass du vergessen hast, das Hundefutter für Rex zu kaufen.

FLOP ▾

» Bei Veranstaltungen aller Art das Handy anlassen.

» Beim Bewerbungsgespräch oder einem anderen Gespräch mit einer für dich wichtigen Person das Handy anlassen.

» Brüllorgien mit dem Handy veranstalten.

TOP ▴

» Bei einem Anruf in der Öffentlichkeit möglichst eine stille Ecke suchen.

» Das Handy abschalten, wenn du dich an den Esstisch setzt oder mit jemandem ein intensives Gespräch führst.

>> Auch mal sagen: »Du, jetzt ist es ungünstig (weil wir gerade Mittag essen), ich ruf dich nachher zurück.«
>> Den Klingelton nicht unbedingt auf volle Pulle drehen.

U-Bahn-Trip in Tokio

Unterwegs & anderswo

Stiefeln mit Stil

Der kleine Knigge für Fußgänger

Uwe (14) und Manni (14) sind in der Stadt unterwegs. Einfach so ein bisschen durch die Geschäfte latschen, vielleicht eine CD kaufen. Beim Plattenladen schmeißen sie die Schwingtür mit solchem Karacho auf, dass die mit Wucht wieder zurückschwingt und einem anderen Kunden, der auch gerade rein will, fast vor die Nase donnert. Uwe und Manni wollen in den ersten Stock und betreten die Rolltreppe – gleichzeitig und nebeneinander stehend. Als sie die CDs durchgekramt haben und jeder eine nach seinem Geschmack gefunden hat, gehen sie zur Kasse. Da ist schon eine ziemliche Schlange. Uwe und Manni drängeln sich vor: »Wir haben jeder nur eine CD. Platz da!«

Als Fußgänger in der Öffentlichkeit unterwegs, das ist manchmal gar nicht so einfach. Oder doch? Die Wette gilt: Wenn man sich an bestimmte Regeln hält, vermeidet man erstens Ärger und zweitens kann man vielleicht neue, nette Leute kennen lernen.

Stell dir vor, du hast es ziemlich eilig und musst ans andere Ende der Fußgängerzone. Heute ist es aber hier so was von voll, dass man kaum durchkommt. Was machst du? Mit Ellenbogen und wild fluchend dir den Weg freischaufeln, andere Passanten anrempeln, damit die Platz machen? Wie uncool. Du bist doch clever.

Also schlägst du ein paar Haken, weichst anderen aus. Auch so kann man ans Ziel kommen – ohne von den Mitmenschen als Rüpel angesehen zu werden.

Uwe und Manni haben die Regeln des Miteinanders gleich dreimal verletzt: Bei der Schwingtür haben sie nicht darauf geachtet, dass hinter ihnen jemand anderer ebenfalls in den Laden will. Wenn sie aufmerksam gewesen wären, hätten sie dieser Person die Tür aufgehalten. – Auf der Rolltreppe haben sie sich nebeneinander gestellt und so den Weg für die blockiert, die vielleicht überholen wollen. Einfache Regel: Rechts stehen, links gehen. Dann kann derjenige, der stehen will, stehen und derjenige, der gehen will, kann gehen. Eigentlich ganz einfach. – Und an der Kasse wollten sie sich einfach unhöflich vordrängeln.

Bei der Rolltreppe kann es auch passieren, dass manche (besonders ältere Menschen oder Gehbehinderte) nicht ganz so flott sind wie du. Gib ihnen eine Chance, unverletzt wieder auf festem Boden zu landen. Ein Drängeln von hinten könnte für sie gefährlich werden.

Wenn du bei einem deiner Ausflüge auf der Straße einen Bekannten oder eine Bekannte triffst und ihr euch länger unterhalten wollt – heißer Tipp: Pflanzt euch nicht mitten auf dem Bürgersteig, denn dann seid ihr ein Hindernis für den Fußgänger-Verkehrsfluss. Einfach ein bisschen zur Hauswand zurückziehen oder den Weg gemeinsam fortsetzen.

Als Fußgänger kommt man manchmal in Situationen, in denen andere vielleicht Hilfe brauchen. Eine

Rollstuhlfahrerin, die Schwierigkeiten hat, die Bürgersteigkante raufzukommen. Willst du ihr helfen? Das wäre nobel. Aber stürz dich nicht gleich kommentarlos auf den Rollstuhl, sondern frage zuerst: »Darf ich Ihnen helfen?« Na, die Dame freut sich doch bestimmt! Oder einem Baby fällt der Schnuller aus dem Buggy, ohne dass die Mutter es merkt. Da musst du natürlich das Baby nicht fragen: »Darf ich deinen Schnuller aufheben und ihn dir wiedergeben?« Das kannst du einfach so machen – aber den Schnuller gib dann der Mutter, damit sie ihn sauber macht. Und so gibt es viele Situationen, in denen du mit Hilfsbereitschaft Kontakte zu Fremden bekommst, die dir dann mit einem Lächeln oder freundlichen Worten danken. Das ist doch bestimmt ein tolles Gefühl!

FLOP ▾

» Stundenlanges Rumgequatsche direkt vor dem Eingang zum Café, sodass sich die Gäste mühsam vorbeidrücken müssen.

» Alte, Blinde und Rollstuhlfahrer aus Hilfsbereitschaft über die Straße zerren – ohne zu fragen, ob diese überhaupt wollen.

» Auf Treppen herumlümmeln, auf denen sich Fußgängerverkehr bewegen muss.

TOP ▴

» Vor allem älteren Leuten vor Treppen, Ampeln, Rolltreppen und anderen Hindernissen Hilfe anbieten.

- Sich vor allem in größeren Gruppen ein wenig seitlich der Hauptverkehrsströme aufhalten – das gilt auch für Bushaltestellen.
- Rote Fußgängerampeln mindestens dann respektieren, wenn Kinder zusehen. Die haben schon genug schlechte Beispiele, da musst du ja nicht unbedingt auch noch dazugehören.

Endstation

In öffentlichen Verkehrsmitteln

Felix (13) ist auf dem Weg zur Schule. Mit dem Bus, Linie 54, wie jeden Morgen. Und wie immer ist der Bus gerammelt voll. Einen Sitzplatz hat Felix natürlich nicht ergattert. Dicht gedrängt stehen die Leute im Gang und versuchen sich irgendwo festzuhalten. Felix ist eingequetscht zwischen einem anderen Schüler, einer älteren Frau und einem Mann mit Hut. In einer Kurve verliert der Mann etwas das Gleichgewicht und drückt Felix noch stärker gegen die ältere Frau. »Mensch, Alter, kannst du nicht aufpassen?!«, regt sich Felix auf, »du zerquetschst mich ja!«

Nirgends sind so viele Menschen auf engem Raum so unhöflich zueinander wie in Bussen und Bahnen. Und das liegt nicht immer nur daran, dass das Gefährt vielleicht überfüllt ist. Viele lassen einfach ihre schlechte Laune an anderen aus. Oder sind super empfindlich, wenn sie mal aus Versehen angerempelt werden. Manche rempeln dann sogar bewusst zurück. Daraus kann leicht eine Schlägerei werden, wenn beide sich nicht beherrschen …

Busse und Bahnen sind ja öffentliche Räume, in denen für eine kurze oder längere Zeit wildfremde Menschen aufeinander stoßen. Und da sollte es eigentlich friedlich und zivilisiert zugehen. Mit ein wenig Rücksichtnahme geht das auch. – Das fängt schon beim Einsteigen an. Logisch, dass man zuerst die anderen aussteigen lässt, bevor man einsteigt, sonst gibts unnötige Rempeleien. Wenn der Bus mal nicht so voll ist und du entdeckst neben einem anderen Fahrgast einen freien Platz (vielleicht am Fenster), dann frag ihn, ob der Platz wirklich frei ist und ob du vorbei darfst. Vielleicht rutscht derjenige auch weiter und du musst nicht über ihn drübersteigen. – Alten oder gebrechlichen Menschen solltest du deinen Sitzplatz anbieten, wenn sonst nichts mehr frei ist. Aber nicht einfach aufstehen und weggehen, sondern fragen: »Möchten Sie sich setzen? Bitte schön.« Du darfst sicher sein, dass du ein »Danke« zurückbekommst.

Wenn du dich stark genug fühlst, könntest du auch einer Mutter mit Kinderwagen beim Ein- oder Aussteigen behilflich sein, wenn du siehst, dass sie sich schwer damit tut. Solche kleinen hilfsbereiten Gesten verschönern den Tag garantiert.

In Zügen gibt es manchmal Ärger, wenn jemand den reservierten Platz eines anderen besetzt hat. Wenn allerdings daneben noch genügend andere Plätze frei sind, muss man nicht unbedingt auf »seinem« Platz beharren, sondern sollte ein Auge zudrücken und sich woanders hinsetzen. Wenn aber nichts anderes mehr frei ist, dann hättest du als derjenige, der den Platz reserviert hat, ein Recht darauf, dass der Platzbesetzer ihn für dich frei macht.

ÜBRIGENS ...

... die 5 coolsten Sprüche

um Typen abzufertigen, die alleine eine ganze Sitzbank beanspruchen:

» Für mich freigehalten? Das ist aber nett!

» Warum will keiner neben dir sitzen? Hast du Mundgeruch?

» Oje. Hat dich deine Flamme versetzt? Nicht traurig sein. Ich setz mich zu dir und du kannst dich bei mir ausweinen.

» Bist du dir sicher, dass du keine Freunde willst?

» Wenn du 'n Stück rückst, schlag ich dich für den Friedensnobelpreis vor.

Kulturschock pur

Wie Menschen aus anderen Kulturen denken und leben – und wie du damit umgehst

Markus (14) darf für sechs Wochen zum Schüleraustausch nach England. Er ist schon ziemlich aufgeregt. Was ihn da wohl erwartet? Andere Länder, andere Sitten – klar, den Spruch kennt er. Aber so ein bisschen Bammel hat er doch vor diesem fremden Land. Wie benehmen sich die Leute dort? Was essen und trinken sie? Was machen sie in ihrer Freizeit? Wie gehts dort in der Schule zu? Fragen über Fragen. Seinem Austausch-Partnerschüler Tom (ebenfalls 14) hatte er schon zweimal geschrieben und sie hatten auch Fotos von sich ausgetauscht. Tom sieht eigentlich ganz sympathisch aus. Vielleicht wird ja eine Freundschaft daraus …

Fremdes Land – Kulturschock? Das muss nicht sein, wenn man eine gesunde Einstellung dazu hat. Und das gilt nicht nur für den Schüleraustausch, sondern genauso für Urlaubsreisen in fremde Länder. Eins kann man nicht verleugnen: Du wirst immer und überall Überraschungen erleben, mit denen du nicht gerechnet hast. Markus erlebt zum Beispiel die Überraschung, dass die Engländer ganz anderes und viel üppiger frühstücken: Da gibts Cornflakes, Toast mit Butter und Orangenmarmelade, Rühr- oder Spiegeleier mit gegrillten Tomaten und kleinen Würstchen dazu.

Und natürlich Tee (mit viel Milch). Daran muss sich Markus erst mal gewöhnen.

Wenn du ein neugieriger Mensch bist, wirst du in fremden Ländern mit großen Augen und Ohren durch die Gegend laufen, um so viele Eindrücke wie möglich aufzufangen. Das ist das Gegenteil von Langeweile, damit sammelst du für dich Erfahrungen und erweiterst deinen Horizont. Diesen »Schatz im Kopf« kann dir dann niemand mehr nehmen.

Markus war schon mal mit seinen Eltern im Urlaub in Frankreich. Die Franzosen haben ganz andere Sitten als die Engländer!, denkt er, nachdem er sich bei seiner Gastgeberfamilie ein bisschen eingelebt und schon viele Neuigkeiten erfahren und beobachtet hat. Das Frühstück zum Beispiel – das kann man in Frankreich echt vergessen. Da gibts gerade mal Croissants und Milchkaffee, vielleicht Baguette mit Butter und Marmelade. Keine Wurst, kein Käse. Und warum müssen die Franzosen sich bei der Begrüßung immer auf die Backe küssen? Rechts, links, rechts, links. Aber spannend ist das schon, denkst du jetzt vielleicht: diese Unterschiede in den Kulturen. Zum Beispiel das mit dem Trinkgeld in den französischen Restaurants. Da bringt der Kellner die Rechnung auf einem kleinen Teller, sagen wir mal 32 Euro. Da wären 3 Euro Trinkgeld okay. Also könnte man dem Kellner 35 Euro in die Hand drücken und sagen: »Stimmt so.« Macht man dort aber nicht. Sondern man legt die 35 Euro auf den kleinen Teller, der Kellner legt das Wechselgeld drauf – und das lässt man dann einfach dort liegen. Der Kellner holt es sich dann schon. Und keiner der anderen Gäste wird es klauen.

Oder Amerika! Wieder ganz anders. Aus Erzählungen weißt du vielleicht, dass die Amerikaner im Allgemeinen richtige Sauberkeitsfanatiker sind. Da wird täglich mindestens einmal geduscht, Haare gewaschen, täglich die Wäsche gewechselt – nicht nur die Unterhosen –, und nach jedem Duschen kommen die Handtücher in den Wäschekorb. – Und in fast jedem Haushalt läuft den ganzen Tag der Fernseher. Und oft mehrere in verschiedenen Zimmern, ohne dass jemand aus der Familie zuschaut, einfach so als Hintergrundkulisse. Aber freundlich sind sie, die Amerikaner (meistens). Die Bedienung im Restaurant stellt sich sogar mit Vornamen vor, bevor sie eure Bestellung aufnimmt …

Wir alle sind ja Ausländer – im Rest der Welt. Aber drehen wir mal den Spieß um. Am Beispiel Schüleraustausch. Da kommt nun also Tom zum Gegenbesuch für ein paar Wochen in die Familie von Markus. Für ihn ist Deutschland ein fremdes Land. Wenn du Markus wärst – also der Gastgeber –, was würdest du tun, um Tom das Einleben zu erleichtern, ihm beim Kennenlernen der für ihn fremden deutschen Umgebung zu helfen? Zunächst wirst du sicher immer ganz aufmerksam sein, ob Tom sich zurechtfindet, wo er vielleicht Anlaufschwierigkeiten hat. Dann nimmst du ihn natürlich – neben dem Schulbesuch – zu allen möglichen Freizeitaktivitäten mit: Fußball, Tischtennis oder was du sonst so machst, Treffen mit Freunden, Ausflüge mit den Eltern, Besichtigungen. Vielleicht habt ihr ja vor Toms Ankunft schon ein kleines Programm zusammengestellt, was ihr ihm alles zeigen wollt und was ihn vielleicht interessiert. – Gelacht wird nicht, wenn Tom mit irgendetwas nicht klarkommt oder Sprachschwierigkeiten hat. Stattdessen hast du immer ein Wörterbuch griffbereit, damit keine Missverständnisse entstehen.

Respekt voreinander im Umgang der unterschiedlichen Kulturen und Menschen – damit funktioniert es immer. Und zum Respekt gehört auch Toleranz und die Achtung des Gegenübers.

Das war das Thema des ganzen Buches.

Das hast du bemerkt?

Du willst dafür sorgen, dass die Menschen in deinem Umfeld ein wenig respektvoller miteinander umgehen?

Du willst mit guten Beispiel vorangehen?

RESPEKT!